그저 고맙다는 말밖에

40년 행복한
교직 생활에 감사하며

원미옥 지음

희서나무

프롤로그

40년 교직 생활을 마무리하며

미국의 대통령 아브라함 링컨은 1865년 4월 14일 밤 저격을 당했다. 그때 그의 주머니 안에서 구겨진 신문 조각이 나왔는데, 그 신문 기사엔 빨간 밑줄이 그어져 있었다. 밑줄은 링컨을 칭찬한 내용에 그어져 있었다. 성숙한 링컨에게도 위로가 필요했다면 평범한 우리는 말해 무엇하랴?

우리는 칭찬과 격려가 필요한 시대에 살고 있다. 40년을 마무리하며 혼자서 열심히 살았다고 생각했는데, 돌아보니 동료들이 함께 어깨동무를 하며 힘을 북돋워 주었고, 함께 무리지어 피어서 서로에게 아름다운 시간을 선물했음을 깨달았다. 어리둥절할 때 선배 교사의 한마디가 큰 힘이 되었고, 방향을 틀어주는 조언이 사이다처럼 시원했다. 부족한 것투성이인데도 함께 지혜를 모으고, 서로 양보하며 기꺼이 도움의 손길을 내미는 아름다운 공동체가 있었다. 모두가 더할 수 없이 소중하고 감사하고 값진 선물이었다.

"힘든 40년을 어떻게 견뎌왔을까?"
"그러게. 어찌 힘든 일뿐이었으랴?"
"눈물겹게 고맙고 감동적이어서, 시의 언어가 말갛게 고이는 날도 숱하게 많았지."
"암만, 그런 날들이 씨실과 날실로 얽어져서 40년을 버텨온 게지."
"혼자라면 결코 할 수 없었을 거야."
"돌아보니, 그저 감사한 일밖에 없고, 동료들이 너무 고마워."

"40년을 마무리하는 소감을 말하라는데, '그저 고맙다'는 말밖에 없어. 그게 내 진심이야."
오케스트라에 많은 악기들이 함께 어우러져 한 편의 감동을 자아내듯, 서로 다른 동료들이 어우러져 행복한 학교생활을 했다.

옷깃을 여미며, 마지막 단추를 잠그는 시간이다. 참 좋은 분들을 많이 만났고, 참 많은 도움을 받았고, 일일이 감사의 인사를 전하지 못해 아쉽고 죄송하다. 누구 하나 빼놓을 수 없이 모두 하나님이 보내주신 귀한 선물이었다. 바람 불 때는 함께 바람을 견뎠고, 햇살 눈부실 때는 마음껏 화사한 웃음을 터뜨렸다. 아름다운 추억도 나눴고, 부족한 것 서로서로 공유하며 마음을 나누었던 시간이 복이었다. 정말로 좋은 분들이 헤아릴 수 없이 많았다. 그 모든 분께 아낌없는 감사를 보낸다. 그리고 이 책이 출판될 수 있도록 온맘으로 도와준 홍영심 선생님과 이금희 선생님께 감사드린다. 마지막으로 늘 내편인 이용세, 종원이와 빛고을과 봄, 예원이도 감사하고, 삶을 이끌어주신 하나님께 감사드린다.

2024년 8월에

차 례

프롤로그

Part 시. 짧은 여운

1. 가족, 흙에서 뒹군 마음

이름 하나에 ··· 5
사모곡 ·· 6
엄마와 어머니 ··· 7
홍시와 단감 ··· 8
엄마 ··· 9
도라지꽃 ·· 10
모시 한복 ·· 11
어머니 ·· 12
고구마 줄기 ··· 13
꽃 ··· 14
생땅콩 ·· 15
산딸기 ·· 16
오빠 ·· 17
이별 ·· 18
그대는 봄이다 ·· 19
아들과 대화 ··· 20
아들 결혼 ·· 21

부전자전 ·· 22
추석 냄새 ··· 23
작은 시누이 ·· 25
동서 ··· 26

2. 오롯이 '나'로 살고 싶어

봄, 첫발 ·· 29
기다림 ·· 30
연꽃 ··· 31
여름 휴가 ··· 32
가을 편지 ··· 33
나무는 죽어서 말한다 ·· 34
하중도 ·· 35
수암골 벽화마을 ··· 36
슬로우 시티 ·· 37
염전에서 ··· 38
느린 여행 ··· 39
순천기독교역사박물관에서 ··· 40
수목원에서 ··· 41
낮달 ··· 42
처음 피우는 양란 ·· 43
책 정리 ··· 44
미경 ··· 45
아파 보고서야 ·· 46
삶, 둥글게 그린다 ··· 47
꿈꾸는 삶 ··· 48
일상의 나로 돌아와서 ·· 49
받아들임 ··· 50

증도에서 ··· 51
옷장 정리 ·· 52
숲의 품 ·· 53

3. 선생의 시간, 수고했어

개학 첫날 ·· 57
학교의 3월은 ·· 58
출근길 ··· 59
인문학 기행 ··· 60
시험 후 풍경 ·· 61
토요일 풍경 ··· 62
체육대회, 그 싱싱한 이름 ···························· 63
관점 차이 ··· 64
그칸다꼬 ·· 65
봄은 속절없다 ·· 66
1박 2일 야영 ··· 67
야영을 다녀와서 ······································· 68
가랑코에 ·· 69
모교 방문 ··· 70
맨발 걷기 ··· 71
모과 ··· 72
떨어진 가을을 줍다 ··································· 73
휴식 ··· 74
전교생 이름 외우기 ··································· 75
눈 오는 날 ··· 76
너는 희망이야 ··· 77
온통 배움이다 ··· 78

4. 무늬만 선생, 튼실한 제자

연근과 두유 ································· 83
한달음에 ··································· 84
선생님, 기도해 주세요 ······················ 85
사랑의 빚 ··································· 86
나이 드는 게 좋다 ·························· 87
속 깊은 제자 ································ 88
파란 하늘 ··································· 89
연필 깎기 ··································· 90
국어쌤이 되고 싶었어요 ···················· 91
제자 결혼식 ································· 92
마지막 담임 ································· 93
큰 나무로 자라나 ···························· 94
국무총리상 ·································· 95

5. 만남, 고마운 인연

봄이 오는 소리 ······························ 99
새학기 ······································ 100
유리창 닦기 ································· 101
도산서원 연수 ······························ 102
계성중에서 ·································· 103
빈자리 ······································ 104
선배님 댁 방문 ······························ 105
통영 인문학 기행 답사 ···················· 106
책 한 권 ···································· 107
방학 날 ····································· 108
고마운 동료 ································· 109
닉네임, 각시 ································ 110

기도의 응답 ··· 111
위로자 ··· 112
관리자의 옷 ··· 113
청룡산을 오르며 ··· 114
인생, 둥글게 여문다 ··· 116
33년 외길을 마무리하며 ······································ 118
결혼을 축하하며 ··· 120

Part 글. 일렁이는 감동

1. 아이들, 많이 고마워

큰사람 되겠습니다 ··· 127
오랜만에 해 보는 받아쓰기 ··································· 129
감사의 말로 새해를 열자 ······································ 131
서로 배려하기 ·· 133
한 알의 밀알을 심는다 ·· 135
문지가 아파요 ·· 137
우리가 지킨다, 지구는 ·· 139
아이들이 단체로 벌을 서요 ··································· 141
숲에 피는 작은 꽃 ··· 143
제가 업어 드릴까요 ·· 145
쉬는 시간 ··· 147
매일 체육대회만 같아라 ······································· 149
축제, 풍성한 결실 ··· 151
재능기부, 첫발을 내딛다 ······································ 153

3행시에 담은 따스한 마음 ················· 156
　　다 같이 돌자, 운동장 한 바퀴 ············· 159

2. 동료, 봄 햇살 그대로

　　그리움만 끝까지 살아남아 ················· 163
　　어억, 너무 아파요 ························ 165
　　자라 보고 놀란 가슴, 솥뚜껑 보고 놀란다 ···· 167
　　꿈실에 셋방 하나 얻고 싶다 ··············· 170
　　쉿, 이건 국가 기밀이야 ··················· 172
　　마음속에는 별들이 하나 ··················· 175
　　우리들의 일상사 ························· 178
　　학생들 사이의 묵은 먼지 ·················· 181
　　생활기록부 작성, 수고스럽지만 귀한 업무 ···· 183
　　따뜻한 포만감 ···························· 185
　　바이칼 호수의 에피슈라처럼 ··············· 187
　　젖은 마음을 보송보송 말려주는 수호천사 ···· 189
　　희망의 씨를 뿌리는 첫 주 ················· 191
　　산하엽은 시들었지만 시들지 않는 호탕한 웃음 ·· 193
　　마스크 ·································· 195
　　난생 처음, 온라인 개학 ··················· 198
　　힘내, 사랑해, 응원할게 ···················· 200
　　당장 내일 아이들은 오는데 ················ 203
　　등교 개학 풍경 ·························· 206
　　아이들의 마음에 불을 켜는 점등인 ·········· 209

3. 나, 전지적 시점

도움을 받으며 사는 것 ·············· 213
저도 사랑받고 싶어요 ·············· 215
고마움, 한 두레박 긷다 ············ 218
딱딱한 의자에 앉아 ················ 221
선생님은 진로 연수 중 ············· 223
내비게이션이 되고 싶어 ············ 225
내 것이 소중해 ···················· 227
아우슈비츠!, 돌아보고 나니 ········ 229
마르지 않는 칭찬의 샘으로 ········· 231
달성의 뿌리 교육, 충효 정신으로 꽃피다 ······ 233
함께하는 동료가 있어 감사합니다 ··· 235
두 손 공손하게 모으고 ············· 238

에필로그

Part 시. 짧은 여운

1

가족, 흙에서 뒹군 마음

이름 하나에

종원, 예원이
엄마의 옷을 입었던
기도의 무릎에 감사

긍정의 언어로
위로해 주는 남편의
철없는 아내에 감사

배려와 나눔이
삶이었던 시어머니의
며느리에 감사

다복한 친정의
5남 1녀로
딸, 여동생, 누나에 감사

때로 울퉁불퉁한 길에
봄비 같은 은혜의
사모의 길에 감사

아이들과 부대꼈던
선생의 세월에 감사

이름 하나에
낱낱의 퍼즐이
딱딱 맞추어진 시간에 감사

사모곡

햇살이 눈부시던 날
시어머니는 노인요양원에 가셨다

노인요양원이라는 말에
가시처럼 찌르는
날카로운 통증
큰 그늘이었던 어머니
기억을 깡그리 긁어먹는 치매로
딸처럼 보듬었던
며느리도 잊어 버리셨다
우리를 까마득히 잊어버려도
우리 기억엔 오롯이 남아있습니다.
그리운 우리 어머니

엄마와 어머니

엄마 소천 후
마음이 허물어진 게 여섯 달
어머니 소천 후
몸이 질척이는 게 석 달

엄마는
마음의 고향이라 아프고
어머니는
스물다섯 해 같이 살아서인가

갓 시집와서
엄마의 김치가 맛있다가
시간이 익어가면서
어머니의 김치가 입에 맞았다

밥맛이 없으면
쌀을 불려 참기름에 볶아
정성만으로
뭉긋하게 끓인 쌀죽에

아, 엄마와 어머니가 계신다

홍시와 단감

당신들을 만나러 청도로 떠났다

어머니는 홍시를
엄마는 단감을 좋아하셨다

감 축제 한구석에서
남편은 홍시를
나는 단감으로
추억을 베물었다

청도에서 당신들을 만나
나는 단감으로
남편은 홍시로
돌아오는 길 내내 추억으로 붉었다

엄마

첫아이 임신했을 때
콩죽이 먹고 싶었다
뽀얀 국물이 흐물흐물한 밥알
그리 쉬운 것을 해 먹지
참았냐며 엄마는
짐도 안 풀고 콩죽을 끓였다

콩을 삶아 채에 거르고
쌀을 불리고
미처 해주지 못한
미안함을
주걱으로 젓기만 했다
팔이 아프도록

엄마는 평생
내 안에서
콩죽을 끓이신다

도라지꽃

보랏빛 도라지
혼자 설 수 없어
베고니아 잎에 기대니
잎만 무성한 베고니아에
도라지가 피었다

어머니 산소 옆에서 캐 왔다
어디서든 꽃을 캐오던
어머니 닮아
어머니를 땅에 묻고 오면서
도라지를 담아 왔다

일 년 후
실쭉한 키에 꽃이 피었다
도라지 얼굴에
어머니에 기대어 살던
내가 겹친다

누군가의 쉼표가 되어야 하는 일이 남았다

모시 한복

손수 손질한다에 한 표
세탁소에서 손질한다에 한 표
연수받을 때 사람들이
뒤에서 내기를 했단다

엄마가
마지막으로 해준 모시 한복
20년 겹치는 세월에
군데군데 기웠다
해져도 궁상스럽지 않은 건
엄마의 마음이 담긴 까닭이다
삶고, 말리고, 풀 먹이고,
올올이 펴서 꾹꾹 밟고
다림질까지

엄마와 어머니가 하던 걸
보아서 익숙하다
익숙함,
굳이 모시를 입는 이유이다
또 하나
대구역에서 만난 외할머니
모시 한복의 눈부심이
뽀얗게 남아 있기 때문이다

어머니

이십여 년 전
어둑어둑한 아침을 깨워
출근하는데
어머니가 문 앞까지 따라와
다녀오겠습니다
라는 인사에
에이, 불쌍한 것
하고 인사를 받았다

신학 공부하러 간 아들
추운데 직장 가는 며느리
안타까이 지켜보는
어머니 마음이다
차 안에서
어머니의 마음이 짠했다

겨울 출근은 춥고 컴컴하다
오늘은 어머니 대신
남편이 인사를 받았다
아이구, 그랬쩌?
찡함 대신 장난기 가득하다

고구마 줄기

시장에서 사 온
고구마 줄기

고구마 줄기를
일삼아 까던 어머니
누군가 그리우면
함께하던 일을 되풀이한다

베란다에서
어머니처럼 구부정한 허리로
하염없이 벗기면
낡은 신문지에 껍질 가득하다
연초록 껍질에
추억이 물든다

맛있다는 말에 어머니는
허리 한번 펴지 않고
시간을 벗겨 내었다

어머니가 연둣빛으로 남아 있다

꽃

아침에 일어나니
꽃이 나란히 꽂혀 있다
두 아이가 엄마를 위해 샀나 보다

길가에 할머니가 꽃을 팔고 있었어요
그냥 가자니 발길이 안 떨어졌어요
오빠, 나도 그랬는데
우리 할머니보다 앙상하고, 머리도 희끗희끗해

발길을 잠시 멈춰
천국 가신 할머니 생각에
사 온 꽃
꽃보다 향기 짙은 아이들

할머니와 함께 살아서
아이들 마음에
할머니 사랑이
하얗게 꽃으로 피었다

생땅콩

어렸을 적
아부지 따라 밭에 가면
쑥 뽑아준 땅콩 줄기
흙 묻은
겉껍질 벗기고
촉촉한 속껍질을 살짝 벗기면
오도독 씹히는 속살

돌아오는 길
아버지는
땅콩 가득 실은 수레에
나를 풀썩 올렸다
덜컹거리는 수레에서 바라본
하늘은 망망대해였다
한 번도 본 적 없는
바다는 저만치 널따랄 거야

생땅콩은 기억 속에 멈춰
파랗게 씹혔다
비릿한 기억을 남겨주신 아부지가 그립다

산딸기

팔공산에서 따온 산딸기
밭에서 일하던 아부지가
새콤하게 생각난다

유월 햇살에
김매던 아부지
밭 기슭에서 산딸기를
일삼아 따먹던 나

앗 따가워 소리에
허겁지겁 달려오던 아부지한테
산딸기 드시라고 한 적이 없어
이제야 마음이 따끔따끔하다

오빠

오빠가 가족들에게 감을 보냈다
모두 베란다에 널고, 깎는데
나는 홍시가 될 때를 기다렸다

작년에는
오빠가 감을 싣고 다녀
받았을 땐 홍시가 되었다
터진 홍시에
오빠의 마음이 달달했다

여고 시절 매일 도시락을 갖다주던 오빠
고3 때 매일 버스정류장에서 기다려
무거운 책가방을 들어 주던 오빠

그 오빠 손을 잡으면
부엉이 우는
달 없는 밤이라도 무섭지 않았다

이별

숙모의 소천을 듣고도
한달음에 달려가지 못하고,
학교 일 마무리하고 갔다

생땅콩을 따로 챙겨주고
가마솥에 육개장을 끓여
챙겨주셨다

육 년간 치매로
며느리 효도 받으시고
사과 따는 아들 조용히 불러
얼굴 보고 떠나셨다

생애를 한 문장으로 만나고,
사람에게 남겨둔 색색의 기억과 만나고
남은 자들이 겸허하게 자신을 만난다
죽음, 또 다른 만남이다

죽음,
지척에 두고도 애써 외면당한다

나지막한 기도를 올리는 시간이다

그대는 봄이다

시골길을
꼬불꼬불 달렸다
통째로 꽃다발인
사과나무는
붉은 듯 희고
농부는 봄을 깨운다
아, 흙냄새
그리운 고향 생각
마음의 호사를 누리다가
화들짝 놀랐다
남편이 독감으로 끙끙거리는데…
마음이 급해진다
봄꽃이
마음보다 앞서
꽃잎을 후두둑 떨군다

천천히
숟가락 뜨는 남편 옆에서
꽃구경했단 말 차마 못하고
꽃 다 떨어지겠구먼
억지로 입맛을 깨우며
고개를 끄덕이는 남편
당신이
여느 꽃보다 화사한 봄이다

아들과 대화

둘이서 저녁보다
풍성한 이야기를 맛있게 먹었다
함께 마음을 터놓고
진로를 이야기하고
닮은 것을 나누고
눈을 맞추었다

사춘기 혹독하게 보내더니
잘 자랐다
아들 속에 아버지가 여유롭다

아들의 페이스북에서
군에서 받은
엄마 편지를 읽었다
여린 감수성

마음과 영혼이
자라고 있어 듬직하다
주께서 때에 따라 물을 주고,
햇살을 비추어 자라게 하심에 감사해

아들 결혼

열다섯 평 시골교회
가족들만 모여
결혼식을 하고 싶다는데
독립된 인격체임을 인정하는
지난한 진통을 겪으며
결혼 예배 드리고
피로연으로 친지를 모셨다

평소 입던 양복을 세탁해 입은 아들
실반지에 행복해하는 며느리

하양무학로교회에서
양가 가족과 주례 목사님 내외
열 명만으로 교회는 넘실거렸다

눈부신 유월
소박한 결혼식
교회 건립 후 첫 결혼이라며
희끗한 장로님은
연못의 돌 하나하나까지 씻으셨다

보이지 않는 수고
어설프게 내딛는 첫발
삶의 주인이신 하나님
주의 자녀로 정결하게 빚어 가소서

부전자전

가족 다섯 명
코로나로 만나지 못하다가
고향집에 모였다

산소에 인사드리고
오이와 고추도 따고
시골 밥상의 소박함을 누렸다

수탉 소리에 깨어
고택에서 사진도 찍고
바둑도 두고
뻐꾸기와 개구리 소리 들으며
한적한 시간을 보냈다

볼수록 귀한 며느리
우리 어머니도 이런 마음이셨겠구나
뒤통수만 봐도
예쁘고 신통해

영주역에서 무궁화호를 기다리며
며느리 등을 쓰담는 아들
아버지 쏙 빼닮았다

추석 냄새

추석 전날
대구에서 철원까지
달리는 차 안에
추석 냄새가 난다

가을 들녘과
도시의 골목
사람 표정
어디에서나
풍요로우면서도
계집애의 들뜬 기분이
추석 언저리에 흩뿌려져 있다

하늘에 흩뿌려 놓은 구름
성묘 따라오는 그림자
알밤을 감싼 연둣빛 가시에도
까슬한 내음이 난다
산소에 풀을 뽑는 손길,
따가운 햇살에서도 맡을 수 있다

노을에 묻어둔 유년
둥그런 보름달
어두컴컴한 시골길
풀벌레의 애절한 짝짓기 소리에서도 풍긴다

짧은 만남이지만
얼굴 맞대고 나눈 이야기에도
아슴프레 퍼진다
차 트렁크에
가득 실어준 수확물의 흙에도
살풋 묻어난다.

돌아오는 길,
교통체증을 안내하는
아나운서의 피곤한 목소리
남편의 운전하는 손길과
아들과 딸의 노곤한 표정에서도
추석 냄새는 여전하다

작은 시누이

몸보다 마음이 먼저 달려가는
작은 시누이 내외분은
뭐든 퍼주고 싶단다

동생 준다고 김치 버무리는 시누이
차 트렁크 열어놓고
옥수수 한 포대
감자 한 박스
단호박, 고추, 토마토 등을 빼곡하게 싣는 시매부

뙤약볕에
김 한 번 맨 적이 없건만
어이 그리 정을 쏟아붓는지

우리 집 올 때는
트렁크 깨끗이 비우고 와
어머니와 똑 닮았다

식구 한 명이 부족하네
그러게요
어머니 이야기에
덜 마른 눈물이 있을까
조심했으나
숨길 수 없는 마음이
툭 터진다

동서

해마다 봄철
두릅과 엄나무 순을
보내는 손길
일 년에 한 번 먹는 거라
데치는 방법도
해마다 일러주는 동서
맏이는 아무나 하는 건 아니야

올해도 따스한 마음을
살짝 데쳐
먹었습니다

2

오롯이 '나'로 살고 싶어

봄, 첫발

화단에 핀 꽃에
눈길 한번 주지 못했다

낯선 길
생소한 일
처음 만나는 사람들

한 달 동안
낯선 땅에 뿌리 내리려고
어두컴컴한 땅속에서 몸부림쳤다

발을 내리고
제법 퍼졌는지
기우뚱기우뚱 한다

첫걸음 곧추세운다
빠듯한 몸부림
너는 그렇게 첫발을 뗀다

기다림

봄을 간절히 기다리던 때가 있었다
삶이 팍팍하고
질척거리는
진흙 같았던 까닭이다

봄은
목 빼고 기다려도 늑장을 부렸다

어느 해
추위에 떨면서
봄은
기다림임을 배웠다

봄은
기다림 후에야
여기저기에서 싹을 피우고
꽃망울을 터뜨렸다

봄은
추위를 넘어온 자에게
눈부신 선물로 왔다

고난을 지나온 자에게
봄은 기다리지 않아도
먼저 와서
문을 두드린다

연꽃

연꽃이
비에 젖는다
운암지는 말없이 비를 받아들이고
빗방울을 떠나보내는 연잎은
미련이 없다

쏟아지는
숱한 빗방울
고개 한번 휘청이며 쏟아버리는
연꽃의 마음은
매끄럽기만 하다

여름 휴가

고향 근처 무섬마을
석양이 낮게 저문다
얕고 미지근한 내성천
항아리 둥근 허리 닮은
나무다리가 강을 건넌다

외줄기 쉼.
나무다리가 아름다운 건
추억이 흐르기 때문이다
밋밋한 강물에
작은 기억 한 점 떠올린다

별다를 것 없는
오롯한 둘만의 시간
소금기 없는 추억이다

가을 편지

떨어진 잎 주워
책에 푹 재웠다
납작하게 엎드린 잎에
가을 편지 몇 자 적는다

고운 잎 주워
생생한 그대로
가을 편지 몇 장 쓴다

기운 뺀 잎은
은은한데
생생한 잎은 빛 바랠까
코팅했더니
까만 표정으로 놀란다

시간으로 익는 게 있다
고마움도 날 것보다
곰삭은 게 맛있다

나무는 죽어서 말한다

사연을
촘촘히 되감아
한 해가 저물 때마다
질곡의 삶을
나이테로 둥글게 그렸구나

나무는
살아서
말하지 않고
죽어서
둥근 나이테로 보여 준다
향기조차 희미해진 삶을

하중도

봄이면
노란 물감을 퍼질러놓은 유채
초록으로 일렁이는 청보리
사람들
봄으로 피어난다

가을이면
추억의 코스모스 어우러지고
온몸으로 서걱이는 갈대 사이
갈무리하는 인생
가을로 여물어간다

개천이 넘쳐
버려진 땅
하중도
너는 사람들에게
계절마다 추억을 선물하는구나

나도
너 닮아
꽃 몇 송이 피워
쉬어가게 하고 싶어

수암골 벽화마을

정겹고 오밀조밀한
청주 벽화마을

60년대 우리 동네엔
텔레비전 한 대 앞에
동네 사람들이 다 모였는데
여기서 그 풍경을 만났다

어르신 네 명
담벼락에 텔레비전을 달아놓고
두런두런 삶을 나누며
늦은 저녁을 부채질하고 있다

골목길을
마구 돌아다니며
추억 속에서
신나게 뛰어놀았다

유년은 늙지 않고
아직도 계집아이다

슬로우 시티
  -신안군 여행에서-

해변에 앉으니
짱뚱어다리 나직나직 흔들린다
slow city

급하게
버겁게
살아온 삶의 무게
해변에 주르르 쏟아놓고
파도에 넋을 맡겼다
시간은 말없이
밀려오고 밀려갔다

노을이 이울고
밤이 다가와
해변을 캄캄하게 덮을 때
힘겨운 삶의 덩어리
내려놓으라
어깨를 토닥인다
slow city

염전에서

염전에 서면
삶이 뽀얗게 반짝인다

바닷물이
햇볕을 먹어
짠내가 하얗다

소금밭에 서면
인고의 시간도 표백된다
밀물과 썰물에 깎여
하얀 결정체가 된 너는
스스로 부패를 몰라
타인의 부패마저 막는다

소금밭에서
수없이 부서지고서야
하얗게 졸여지는 나를 만난다
짭조름한 그리움,
바래어 간다

느린 여행

30년 함께한 동료와
느린 여행을 떠났다
색깔이 다른 친구들
빛과 결은 다르지만
수놓은 자수처럼 정겹다
짐을 슬쩍 내려놓으니
쉼의 문,
비스듬히 열린다

문탠로드로 옷 갈아입은 달맞이길
세월이 나란히 걸은 철길을
타박타박 걷는다
발밑에 돌들이
방황했던 삶으로
사드락사드락 밟힌다
어둠의 등대처럼
그때도
삶의 불빛은
희미하게 있었으리라

미포마을, 좌동재래시장, 해운대, 기장을 돌아
대구에 오니
싸라기눈이 하얗다
추억이 밟힌다

순천기독교역사박물관에서

선교사의 기도문이
한 톨 한 톨 살아서
꿈틀거린다

선교 초기에
예배드린 ㄱ자 교회에서
정갈하게 무릎 꿇으니
기도가 먹먹하다

밀알 하나,
순천에 툭 떨어져
아프게 열매 맺었으리
봄을 깨우는 홍매화
붉은 미소에
봄바람이 차갑다

삶은
화석으로 굳기도 하지만
꿈은
끝내 살아서 곡선으로 꿈틀댄다
오래 접었던 지느러미
비로소 개운하다

수목원에서

가을 한 장을 접으려고
수목원에 들렀다
국화 향에 취해
한 점씩 서성이는 중년

가을 길섶에
분주했던 세월 더듬는다
자식들이 떠나고
세월이 훑고 지나간 자리
느린 발자국 뒤따른다

기우뚱한 그림자에
비스듬히 기우는
가을 햇살 한 줌
겸허하게 내려앉는다

낮달

첫 출근하는 이의 가슴에
설렘으로 머뭇거리다가
연인들의 달달한 사랑에
은은히 비추다가
나그네의 발길에
묵묵히 동행하다가

밤을 지새우는 이,
한숨을 안타까이 지키다가
잠 못 드는 이,
창가에 서성이며
얼핏얼핏 비추고
쓰라린 마음 함께 부여안고
고통으로 신음하다가

외로운 이, 창문 미처 닫기도 전에
고통하는 이, 베인 마음 채 싸매기도 전에
미명이 안개 속으로 걸어오면
밤에 비추던 기력도 옅어지고

희부옇게 홑이불 걷어내는
햇살에
희미하게 사그라지는
낮달이고 싶다

처음 피우는 양란

화려한 꽃잎 툭툭 떨구고
넓적한 잎
긴 겨울 무심히 넘더니
봄보다 먼저 봉오리가 동그맣다
가끔씩 물주고
적당한 무관심에 봉오리가 단단하다

애써 외면한 관심에 스스로 영근다
사랑도 이와 같은가
지나친 관심에 뿌리가 썩는데
무관심의 무게 중심,
그 중간 지점이 궁금하다

책 정리

책장에 빼곡한 책
전공책, 신앙책, 문학책
손때 묻은 책 틈새로
지나간 시간을 더듬는다

책 꺼내고
책장 들어내
뽀얗게 잠든 먼지 깨우니
화들짝 놀란 벽지가 창백하다

책갈피에 끼워둔 편지
간간이 숨은 쪽지
밑줄까지
버리고 또 버려
텅 빈 여백
마침내 여유롭다

버려야 할 짐 여전한데
추억이라는 옹색한 변명 달고
묵은 정(情) 몇 개도
이젠 끊고 싶다

미경

코로나19로
원격수업과 등교수업이
촘촘하게 엮이고
수업-5분 휴식-수업
눈만 말똥말똥한 얼굴엔
온통 마스크
온라인으로 만나는 아이들
절대로 붙어 다니지 말라는 선생님
아이들 밀착수비하던 동료들
퇴근 무렵엔 물먹은 솜이다

금요일
방전된 몸 그대로 고향으로 달렸는데
대구 사람을 꺼린다
밤이 묵직이 덮는다

부스스한 새벽
자나? 처마 밑에 까만 봉지 있다
김치, 북어 부침, 봉긋한 밥 한 그릇

파 심는데 갈래
너는 오디 따 먹어. 나는 파 심을게
오디를 한 입 베무니
봉쇄되었던 마음 저절로 풀린다
까치 배처럼 둥근 미경아
내가 지정한 친구 1호다

아파 보고서야

정수리가
활화산처럼 치솟아
날카로운 손톱으로 짓눌러도
통증은 멈추지 않는다
병원에 가야 하는데
열은 치솟지
먹은 것은 토하지

축 처진 몸을 눕혀
침을 맞는다
머리끝에서 발끝까지
수십 개의 침을 꽂고서야
활화산이 휴화산이 된다

남편이 끓여준 죽을 먹다가
서둘러 떠나신 어머니 생각
쌀로 만든 뽀얀 죽
흠칫 놀랐다
어머니가 보고 싶은 게
고작 흰죽 때문이라니
죽보다 더 희멀건 마음아

삶, 둥글게 그린다

움츠렸던 어깨 추스르면
수런수런 봄 깨어나는 소리
햇살 겨드랑이 간지럽혀
기지개를 길게 켜면
봄이 쿨럭인다

하늘 향한 나무의 열정
뜨거운 햇빛 아래 뒹군다
푸른 어깨 마주하며
젊음, 높이높이 솟구쳐
지친 삶의 무게 이끌고
여름의 능선을 넘는다

느릿한 선율에 갈대가 흔들리고
바람도 서서히 익으면
들판은 황금빛으로 지평을 넓힌다
내 젊음, 겸허히 고개 숙이면
인생이 알차게 여물어간다.

그리움 몇 장
눈물도 어는 눈 속에
홀로 선 나무들
자신의 이야기 써 내려간다
추위 속에서 나이테 둥글게 떨고 있다

꿈꾸는 삶
-'나는 산업체부설학교 학생입니다' 전시회를 보고-

안심중 3학년 담임할 때
고교 원서 쓰고
산업체부설학교 원서도 썼다

가난보다 꿈이 배고프던 시절
3교대 일하고
주경야독으로 공부하는 아이들
새록새록 돋아나던 꿈이
한 알의 밀알이 되어
가정을 세우고
동생들 뒷바라지하던
이 땅의 언니와 누나들

평면으로 전시하기엔
서러움의 고랑에
입체로 뭉클한 사연들
지직거리는 영상이
세월을 건너뛰어 울먹인다

우리네 삶도
한 겹 한 겹 풀어내면
눈물의 아픔
한 잎씩 모인 겹꽃일 게다

일상의 나로 돌아와서

워킹 맘을 벗고
허름한 나로 옷 입고
설거지, 청소, 빨래하며
삶을 다림질하는 보송함

이불을 빨아
삼베에 풀 먹이고
고요히 내려앉은
먼지를 닦아내는 개운함

강판에 감자를 갈며
나의 단단함을
잘게잘게 갈아내는 경쾌함

삶의 먼지를 닦는
이 평범함
이 여유
나에게 주는 선물이다

받아들임

눈 주위에
수많은 동전이 어른거린다
떨쳐버리지 못한
미련 같은 날파리증
눈길 가는 곳마다 따라다닌다

피곤해서 그래요
쉬면 괜찮아져요
아는 답 대신
나이가 들어서 그래요
나이가 들면 생겨요
두 번 듣고서야
이해하는 시늉을 한다

나이,
사립문 비식 열고
느릿한 걸음으로 들어서는 것들
이제 너를
맞아들여야 할 때다
아직
반기는 것까지는 어려워

증도에서

증도에서 자은도 가는 배 삯
사람도 천 원
승용차도 천 원

무한의 다리를 걸으며
침묵을 연습했으나
다문 입술 사이로
웃음은 배시시,
말은 또르르 굴렀다

햇살이 오도독 씹히는
하늘 때문이야
이 좋은 날에 웬 침묵이야
어설픈 핑계로
침묵을 눈부시게 깨뜨렸다

옷장 정리

켜켜이 쌓인 옷들 사이
퀴퀴한 공기
문을 여니
미련, 욕심, 집착
빼곡하다

곰삭지 않은 오해
용서하지 못한 자존심
날카로운 판단
주섬주섬
종량제봉투에 담는다

억지로 문 닫으면
삐죽 내밀던 후회 가랑이
꼬리를 감춘다
버리고서야 자유롭다

버림
비워냄
내려놓음
구석진 자리에
그분의 자리가 겨우 생겼다

숲의 품

삶의 무게 휘청이며
그대 품에 쓰러지면
잎새들 나지막한 손부채로
슬며시 덮는다

엄마 보내고 헛헛할 때
소리 없는 바람,
맨발로 달려와
부드러운 손으로
허전한 슬픔 토닥였다

코로나로 숨 막힌 단절
감염이 연발탄으로 터지고
낙인과 불안의 위태로운 외다리에서도
그대는
싱그러운 마중으로
창백한 마스크 벗겨 주었다

아이를 멀리 보낸 상실감,
밤마다 흙탕물로 흘러넘치고
그대 발치에 연약한 슬픔을 묻으면
그대는 진한 서러움,
계곡마다 허옇게 내리쏟으며
상흔으로 숨어둔 아픔
어깨 들썩이며 목놓아 우네

오늘도
아픔과 설움 토해
신비의 역사에
굽이굽이 전설을 입히네

옹근 고요,
시리도록 외로운 겨울 지나
푸른 계절이 피고 지며
영겁의 세월,
인간의 희로애락 묵묵히 품고
푸른 산맥을 넘실넘실 넘네

애달픈 인생사
굴곡진 수목사
끊어질 듯 이어가며
한 줄 한 줄 써 내려가네

3

선생의 시간, 수고했어

개학 첫날

오랜만에 맡은 담임
기대와 설렘으로
이름도 외우고
종례일보도 만들고,
수업도 수차례 연습했다

6교시 수업 마친 후
책상에 쪽지 하나
큰사람 되겠습니다
큰사람 되십시오
우리들의 인사말

합쇼체에 어색한 아이들
'다시'를 반복하며 연습 중이다
개학일은 화장실 갈 틈도 없다
퇴근 후 죽은 듯 잤다

학교의 3월은

3월 끝자락
마라톤 결승선을 앞둔 것처럼
다리 힘도 빠지고
턱턱 숨이 찬다

3월은
대청소하는 것처럼
숨었던 먼지가
푸석푸석 돋아나고
미루었던 관계 이음새에
갈등의 실밥 투둑투둑 터진다
털고 버리고 풀고 자르면
말끔해지려나

3월은
앙상하게 메마른
검불을 걷어내고
얼어붙은 땅을 갈아
이랑을 고르는 시간이다

3월은
설렘으로 견딘다
수양버들도
가지런한 연둣빛으로 견디고 있다

출근길

출근하면서
터널 순서대로 외우고
길이도 외웠다
연대기 공부하듯

범물-앞산-본리-명곡-기세-김흥1-김흥2-초곡
여덟 개를 통과하면
테크노 길이 후련하다

어둠의 길이는
미터가 아니라 감으로 안다
지식이
삶이 되는 날도 있겠지

출근, 혼자 여행
퇴근, 깊은 묵상
멈춤, 조용한 기도
정체, 숲을 만나는 시간
허리 잘린 산, 삶을 헤아리는 시간

산을 오르는 구름
쉬엄쉬엄 살라 하네
마음속 가뭄
천천히 젖고 싶다 하네

인문학 기행

봄날 새벽에
떨어진 감꽃을 주워
목걸이를 만들었다
오동통한 꽃잎
한 입 베물면
떨떠름한 맛이
텁텁하니 막혔다

새벽마다 감꽃을
실에 꿰던
덜 익은 기억으로
여지껏
햇살 담은 감잎은 곱다

감꽃이 되어
재잘재잘 흩뿌려진 아이들과
인문학보다
더 살가운
감꽃처럼 고운 추억
하나하나 꿰어 목에 걸었다

시험 후 풍경

중간고사를 마치니
칠판에 정답이 반듯반듯 줄섰다
칠판 한번 보고,
시험지 매기는
아이들은 노란 병아리
답지에 동그라미를 그릴 땐
호빵처럼 따끈따끈하지만
사선을 그을 때면
표정이 일그러진다

밥을 뜨는 둥 마는 둥
한숨만 쉬는 아이
시험지에 소나기 투성이다
눈물이 그렁그렁
밥맛이 없어요
점심을 굶은 어깨가 축 쳐졌다

속상해하면서
키가 크고
마음도 자라는 거야
터벅터벅 걷는 뒤통수는
아무 말도 안 들려
어떤 말도 위로가 안 돼

토요일 풍경

토요일 8시
학생 하나 없는 학교
꽃잎 위에
햇살이 오두막이 앉았다
토요일에도 등교하는 햇살
노란 얼굴이 따사롭다

갓 씻은 햇살
보듬지도 못하고
컴퓨터를 켰다

컴퓨터에는
따사로운 햇살 한 줌 없고
일이 무더기로 헝클어져 있다

하나를 정리하면
또 목을 길게 빼는 일거리
일에만 우선순위를 준 건 아닐까
숱하게 문 두드리는 햇살
애써 외면한 건 아닐까
반성문이라도 써야 할까 봐

체육대회, 그 싱싱한 이름

운동장의 아이들은
물고기 떼가 된다
수업에 잠자던 아이들
더욱 싱싱하다

경기 때마다
긴장감이 선명한 심장
쿵쾅거린다

콩콩 마대자루 뛰기, 줄다리기, 계주
넘어지고 일어서고 달린다
야생마처럼
거침없이 질주하는 남학생
저 안의 힘과 용기가
교실까지 이어지기를

운동, 노래, 춤
주체할 수 없는 끼를
발산하는 아이들
어깨가 저절로 들썩인다

하늘보다 푸르른 아이들
힘든 숙제 다 내려놓고
그냥 선생인 게
감사한 날이다

관점 차이

학교 울타리 나무에
아파트 넝쿨 장미가
부드럽게 휘감았다

든든한 나무는
장미 가시마저 안고
푸른 잎 사이사이로
꽃을 감아올렸다
둘의 사랑은 오래 붉었다

왜 장미를 베고 있나요
장미가 담을 넘어왔다는 민원이 있었대요

저 아름다운 조화를,
저 깊은 사랑을,
끊어진 잘록한 허리
안으로 삼키는 울음
화단에 꾹꾹 눌러 꽂는다

관점의 차이
선로보다 팽팽하다

그칸다꼬

교탁 위에
녹두색 비닐 하나
이게 뭐지
고구마 줄기 데친 건데요
지난 번 비빔밥 데이에 잘 드시길래

세상에나
무슨 말도 못하고
먹는 것도 조심스러워

그칸다꼬 말하는 현이
그칸다꼬 데쳐 보내는 엄마
그칸다꼬 넙죽 받는 선생

우리는
고구마 줄기로
녹두색 마음을 진하게 나누었다
사랑의 빚
통장에 자꾸 쌓인다

봄은 속절없다

오래 기다린 봄은
기다림보다
서둘러 갈 채비를 한다
모과의 연분홍빛 꽃
아직 여운으로 남아 있는데

점심시간
무궁화꽃이 피었습니다
놀이에 빠진 아이들은
배고프지 않다

국어 시간에 시 쓴다고
미술 시간에 그림 그린다고
3학년 추억 남긴다고
짧은 벚꽃과 만남을
하얗게 수놓던 날이 엊그제인데

연푸른 잎들
여름으로 달음박질한다

1박 2일 야영

철부지 중1학년
야영 생활
설렘이
주전자 물처럼 출렁출렁 넘친다

처음 하는 밥이
삼층밥이어도
생쌀밥도 꿀떡꿀떡 삼킨다
모둠은 달라도
메뉴는 모두 삼겹살 구이

고된 활동도 아랑곳하지 않고
새벽까지 새어나오는
텐트 속의 소근거림
선생님을 별빛 희미해질 때까지
한숨도 안 재우는 아이들

그러나
혼자서 떠돌아다니는 벌
질긴 칭얼거림은
힘든 게 아니라 아프다

학교에서 들통날까
꽁꽁 싸매었던
아이들 일상
하룻밤 새 홀딱 들켜 버렸다

야영을 다녀와서

높다란 하늘 아래
힘차게 뛰노는 아이들은
행복한 웃음을
마음껏 터뜨렸다

자전거로 도동서원까지
신록보다 푸른 아이들
들판을 싱그럽게 가로지른다

선생님이 일등 출발했는데
꼴찌로 왔대요
꼴찌로 왔대요
그래,
미안타
너희들을 먼저 보내며
세월조차 앞서 보내고 싶다

가랑코에

가랑코에가
운동장 쪽으로 얼굴을 돌린다
체육 시간 아이들을 바라보는
노란 얼굴이 곱다

화분을 돌려놓았는데
어느결에
운동장 쪽으로 얼굴을 돌린다
컴퓨터와 일하는 동안
아이들과 씨름하는 동안
선생님과 머리 싸매고 있을 동안

꽃은 잠시
노란 미소를 보내다가도
어느결에 햇살 향해
얼굴을 돌린다

나의 마음을
이끄는 햇살은 뭘까

모교 방문

30년 세월
대학 캠퍼스
나무는 빽빽해지고
건물은 울창해졌다
사범대 신관 301호 고동색 책상
사범대 구관 잔디
때로 초롱초롱하게
때로 비스듬히 누워
나누던 이야기는
기억 속에 도란도란 멈추었다

그날
공대 앞 지도 못
졸업 사진 찍으러 기다렸는데
오늘은 진로 체험하는 학생들
길게 줄 세우고 있다

시간,
잠시 맡겨진 선물이다

맨발 걷기

점심시간
맨발로 운동장을 걷는데
맨발로 따라오는 아이들
자석에 쇠붙이 붙듯

축구공, 농구공, 야구공
사이사이 피해 가며
때로 달리고
때로 멈추어
아이들과
맨 마음으로 이야기한다

1학년 남학생
우리도 자율동아리 만들어요
이름을 한번 지어 볼까
맨발의 청춘 어때요
무언의 약속으로
무언의 동아리 활동 중이다

간혹 회의로 빠지면
오늘 왜 안 나오셨어요
아이들의 엄격한 체크 때문에
10분이라도 걸어야 한다.
참 무섭고
무지 이쁘다

모과

체육대회를 앞두면
통 깁스, 반 깁스, 붕대 맨
아이들 수북하다

부지런히 절룩이며
계단을 오르내리거나
엘리베이터를 탄다
다치건 말건
표정은 밝다

모과 가지
축구한 것도 아닌데
'툭' 부러졌다

얼마나 아플까?
조심스레 들고 와서
모과 가지를
화분에 꽂았다

아이들처럼
덜 익은 초록이다
시간 지나
모과 빛으로 익어가렴

떨어진 가을을 줍다

아이들이 마구 지나간 자리
국화 가지 툭 부러진다
시들해진 가지를 꽂아두고
시간이 날 적마다 눈길 준다
제법 싱싱하게 벙근다
꽃을 향한 정성이
가을빛으로 피어난다

아이들이 마구 구겨버린
급식실 숟가락
같이 꽂아 두었다
며칠이 지나도 펴지지 않는다
꽃들은 이미 피었는데
너는 언제 은빛으로 피어나려나

휴식

바람에 흩뿌리는 낙엽처럼
학기말엔 일이
소나기처럼 거세다

낙엽은 쓸어도
돌아서면
낙엽이듯

일은 쓸고 나면
뭉터기로 굴러온다

살기 위해
컴퓨터도 닫고
휴대폰도 끄고
생각도 꽁꽁 걸어 잠근다

창가에 앉으니
햇살의 기웃거림, 반갑다
은행잎 떨구는 거리
슬리퍼 끌고
한 바퀴 돈다

온통 백지의 하루
성글게 짠 옷,
모자란 듯 살면
삶도 따스하겠지

전교생 이름 외우기

아침, 점심, 하교 시간에
아이들 이름 외우고
다음날엔 잊어버리고
발열 체크하면서
이름을 물으면
단박에 외워지는 아이
맨날 헛갈리는 아이

교장쌤, 이름 외운다고 애쓰십니다
아이가 툭 건넨 말

힌트를 하나만 줘
치과의사
아하, 정우

치과의사인 친구 아들
연상하여 기억된 아이가
섬심시긴에
사탕 하나 건네고
부끄럽게 도망간다
고마워, 정우야
네 마음이 담겨
차마 먹지 못하고 있어

눈 오는 날

어머나,
대구에도 눈이 오네
흰 광목을 드리운
운동장은 놀이터다
쏟아져 나온 아이들
제각각 눈사람을 만든다

하굣길에도 눈싸움은 이어진다
아무리 가라고 해도
갈 생각이 없다
그래,
어른도 이리 좋은데
너희들이야 오죽하랴?

눈 만나려고 했는데
눈이 먼저 알고
성큼 찾아왔다

친구마냥 반갑다
하루 종일 내리는 뽀얀 얼굴
설렘으로 쌓인다

너는 희망이야

때로 바람에 흔들리고
때로 비에 차갑게 젖으며
묵묵히 서 있을 때조차
쉬지 않고 뿌리로
희망의 물을 길어 올리고 있다

때로 간절한 기대에 부응하지 못하고
때로 기대가 너무 커
서럽게 상처 입을 때조차
꿈의 씨앗을 낯선 땅으로
훠이훠이 흩뿌리고 있다

짙은 그늘을 견디고
숱한 질타를 이기며
날개 펴지 못한 절망을 토닥이며 보듬고 있다

씨앗의 믿음대로
소망의 형상대로 자라날 것이야

든든한 줄기 아니어도
싱싱한 잎새 아니어도
미세한 뿌리털로 물을 길어 올려
꿈의 씨앗, 싹을 틔우고
깊은 절망, 환하게 걷어내고
야무진 희망, 뿌리고 있음을 믿어

온통 배움이다

울창한 수업 시간
키재기하며
희망을 들이키고
절망을 내뿜는다

배움을 향한 목마름으로
뿌리 내리고
꿈을 향한 열정으로
줄기 곧게 세우며
푸른 꿈 신나게 흔든다

풀밭처럼 싱싱한 쉬는 시간
웃고 떠들며 키가 큰다
마음이 자란다
나무 틈 사이사이로
학교 시간의 여백에서
아이들은 성큼성큼 자란다

시험, 긴장과 두려움
체험, 설렘과 즐거움
갈등, 삐걱임과 아픔
우정, 신뢰감과 존중
아슬아슬 능선 기어오르며
어려움도 건너고
성취감도 맛보며

푸른 희망, 널따랗게 펼친다

홀로 뿌리 내리고
서로 어깨 맞대고
함께 바람 견디며
삶을 배운다
학교는 온통 배움이다

4

무늬만 선생, 튼실한 제자

연근과 두유

가을이 토실토실 여물어가는
운동장을 가로질러
내리쬐는 햇살
따끔따끔하다
빨갛게 익을 것 같다
그 사이로
안심중 첫 제자가
말갛게 씻은 연근과
두유를 들고 왔다
마음이 사각사각거린다

고마움 표현할 길 없어
기도에 한 술 얹는다
따끈따끈한 숟가락 위에
고마운 이름을 올린다
미혜야
고맙다

한달음에

열네 살이던 소녀가
마흔을 훌쩍 넘었다
또랑또랑 기억나는
이름 여럿 부르며
30년 전 운동장에서 뛰어다녔다

예천에서 달려온 아이
부스럭거리는 주머니에
고구마와 단호박
앵두처럼 앳된 마음까지
소담스럽다

가을하늘 닮은
옛날 떠올리며
1-11반 교실에서 마음껏 웃는다

엄마와 아내의
알뜰한 삶에
가슴이 뭉클하다

슬며시 밀려드는 고마움
속절없는 선생의 마음

선생님, 기도해 주세요

30년 전 제자
전화 속에서 울먹인다
중요한 발표를 앞두고
글씨가 하나도 안 보여요

긴 전화선 너머
간절함을 담아 기도했다

잠시 후
딩동
발표 10분 전
글자가 씻은 듯이 보여
발표를 잘 했다고

감사해요
막다른 골목에서
길을 열어주시고
긍휼히 여겨 주셔서

기도할 수 있어서 감사하고
기도를 들어주시는 분이 계셔서 감사해요

사랑의 빚

동부여중 2학년 4반
단아한 예의
따스한 마음으로
나팔꽃 웃음을 지으며
손재주가 마딘 지수

대학 가서도 가끔 연락하고
시집가기 전
신랑감과 함께 저녁을 먹은 게
엊그제인데
아들 둘 키우며 씩씩함이 배었다

저녁을 다 먹고
보자기를 주섬주섬 푼다
어머, 어쩜 이리 고울까
개량 한복에
한 땀 한 땀 만든 머리핀까지
교감쌤 되신 걸 축하하려고요

어찌할꼬
해 준 것 하나 없이
받기만 하는
나는
염치없는 선생이다

나이 드는 게 좋다

동부여중 2학생 7반
진경이를 만난 건
첫아이 임신한 때였다

세월은
고속열차로 내달렸고
와중에 끊어질 듯 이어지며
수백 통의 편지를 주고받았다

어른이 되어
일 년에 두어 번 만나
책 이야기를 꽃 피운다
쌤, 저는 나이 드는 게 좋아요
나도 그렇다
삶을 공유하는 기쁨을 누린다

만나면 보듬고
헤어지면 기도하는
사제 간을 훌쩍 넘어
좋은 친구다

너를 만나면
영혼이 싱싱해진다
시들해진 상추에
물 뿌린 듯

속 깊은 제자

단발머리 중학생부터
기쁠 때나 힘들 때
함께 나눈 소중한 시간
네 마음만큼 붉은
사과를 받고
고맙단 말도 차마 못하겠구나

이사한 집에 초대받아
저녁을 먹고
따끈따끈한 이야기도 나누고
교회 건축 이야기하다가
주체할 수 없는 눈물도 받아주던
속 깊은 주희

일 년간 건축 헌금
매월 보내오던 믿음 깊은 제자
중국과 필리핀으로
달랑 짐 챙겨 떠나던 헌신

사과에 눈물 보따리
성글게 붙들어 보냈는가
속절없는 눈물…
받은 사랑을 나누라고
자꾸 독촉한다

파란 하늘

사대부중 3학년 혁이
교지 만들 때
난로에 불 지피고
원고 정리며
어려운 일을 도맡았다

고교 졸업 후
거제도 조선소에서
태풍 매미가 휩쓸어 갔을 때
유일하게 젖지 않은 게
파란 하늘이라 했다
얼마나 찡하던지
흥건히 젖은 막막함에
하늘을 보는 파란 마음

20년 직장을 퇴사하고
영국으로 간다는 메일 받고
출발하기 전
아내와 예쁜 딸과 잘 웃는 아들과 힘께 만났다
긴 이야기를 듣지 않아도
알콩달콩한 가족 한눈에 아련하다

건장한 산업 역군이 된 제자
보는 것만으로 값지다
새로운 세상을 향하는
발걸음을 축복한다

연필 깎기

사대부중 1학년 3반 인호
필통에는 잘 깎인 연필이 가지런했다
아버지는 연필을 깎으며
학교 이야기를 나누는
정겨운 부자(父子)였다

어렸을 적엔
연필 깎는 법을 배웠다
뾰족하지 않고
가파르지 않게
연필 깎다가 손도 가끔 베었다

연필을 깎아주는 아버지
연필깎이를 쓰는 아들
그러나 변하지 않는 연필
연필 속에 세월이
흑심으로 가느다랗게 흐르고 있다

예쁜 딸과 멋진 아들의
아빠가 되었다
멀지 않아
아버지처럼
아들의 연필 깎아주겠구나

국어쌤이 되고 싶었어요

교육활동 홍보 연수
선생님, 동도여중 제자예요
얼굴은 낯익은데
이름이 가물거린다

쌤이 사준 책도 있고요
쌤처럼 되고 싶었어요
이럴 때가 가장 두렵다
흠투성이 들통날까

수줍고 가녀린 게
여전히 여중생이다
말로 풀어내지 않은
임용의 인내가 기특하여
꼬옥 안아 주었다

장하다
이제 너의 길을
뚜벅뚜벅 걸어가야 할 때이다
활짝 꿈 피우기를 응원할게

제자 결혼식

동도여중 3학년 7반 창희
전자공학과에서
유일한 여학생이던 아이가
만난 멋진 사람
서글서글한 웃음에
예절을 반듯하게 담았다

신부대기실
어머머, 쌔~앰
정말로 곱구나
아빠 손잡고 걸어가는
제자의 앞날에
축복 기도가 저절로 터진다

멕시코 신혼여행 중에도
안부를 전한다
차~암, 이쁘다
처음처럼 한결같기를
간절히 기도한다

마지막 담임

갓 사회인이 된
포산중 3학년 3반
졸업생 쪼르르 달려왔다
묻어둔 추억 몇 점 끄집어
마음껏 웃으며
행복감에 배불렀다

학급 행사의 행동대장 정이
종례일보를 배달하던 은이
유쾌한 분위기를 만들던 수아
오지 않은 아이들 이름 꺼내어
서른이 되면
학급문집 들고 모이자던 약속에
추억 여행 신났다

먼 길 달려온 아이들에게
손 편지를 적었다
졸업식 전날 쓰던 설렘으로

생일에 받던 편지
방학마다 받던 편지
옛날 생각난다며 웃는 게
열여섯 살 그대로다

큰 나무로 자라나

사대부중 3학년 7반 선이
말이 없고
그저 깔끔하고
정리를 잘하던 아이

봉오리처럼 입 다물고
온순하던 아이
고등학교 졸업 후
치과 보조 일 하다가
호기심 반 기대 반으로
공부를 시작하여
대학, 대학원까지 마치고
야무지게 박사가 되었다

공부가 이리 맛있는 걸
그땐 왜 몰랐을까요?

특성화고에 가서
정신 차리라고 강의하면
아이들이 눈을 반짝반짝하며
잘 듣는단다
그때는 너도 모르고 나도 몰랐다
이리 꿈을 크게 펼칠 줄을

국무총리상

아양중 1학년 7반
현이를 아시나요?
알다마다요
대한민국 인재상을 받았는데
선생님을 추천해서
스승의 날에
국무총리상을 받게 되었네요

숱한 선생님 중에
왜 저를 추천했을까요
글쎄요

제가 한 일은
별명 하나를 지어주었을 뿐인데요
'걸어 다니는 국어사전'

국어시간에
아이들이 질문하면
선생이 말하기 전
걸어 다니는 국어사전이 먼저 말해 보게
그 말만 했을 뿐인데요
그게 큰상을 받을 일인가요

5

만남, 고마운 인연

봄이 오는 소리

컴퓨터에서 눈 떼면
무궁화꽃이 피었습니다
놀이하듯
쑥쑥 피어난다
봄꽃들

긴기아나 난초
두 줄기 꺾어
몸 아픈 선생님
책상에 꽂아두었다

딩동
저도 난초 좋아하지 말입니다
쌤이 난초이지 말입니다
겨우 답장 보냈는데
딩동
교감쌤, 저도 난초 좋아하지 말입니다
집단 민원이지 말입니다

1학년 쌤들의 유쾌한 항의

오가는 대화에
난초보다 진한 향기가 가득하다

새 학기

창가에
미니 수선화
안 봐도 누군지 안다
꽃을 좋아하는
실무원 윤 쌤일 게다

어제
수선화를 한참 들여다보았더니
아침에
고운 꽃이 웃으려 한다
다음엔 슬쩍 봐야지

아침엔 노란빛이
숨어 있었는데
점심엔 노란 얼굴이 앙증맞다
술래에게 잡힐 뻔

새 학기
개구쟁이 모습 억지로 감추고
집중하던 아이들도
열흘 지나면
본색을 드러냄과 닮았다

유리창 닦기

먼지가 켜켜이 묵은
유리창을 닦았다

잠시 후
함지산이 운동장에 내려와
아이들을 색칠한다
내 마음도 홍시 빛으로 물든다

*열이가 닦아 놓은 유리창처럼
함지산 한 장이 운동장을 서성인다
아이들이 남기고 간
별을 줍고 있는가

*열이, 열이가 착하게 닦아 놓은
 유리창 한 장

-정일근 '바다가 보이는 교실' 중-

도산서원 연수

가을비
추적이는
도산서원

늦은 저녁
추월한수정에서 퇴계 선생 후손의
강의가 생생하다
올곧은 선비
뽀얀 한복의 결처럼 꼿꼿하다

새벽, 활인심방
아침, 청량정사 방문
가을 끝자락, 단풍이 곱다
찻집의 물도 사르르 얼었다

후손에게서
선조의 겸손을 읽는다

노송정에서
여물어 가는 가을
오도독 소리 나는 햇살도 만났다

일탈, 일상에 대한 안온한 갈망이다

계성중에서

건물이라기보다
벽돌 하나하나가
역사의
짙은 아픔을 안고 있다

잎 떨구고
앙상함으로 추위 견디는 나무도
쌓여가는 시간을 지켜보았을 게다
시간을 기억한다는 건
아픔을 올올이 새기는 일이다

역사를 지켜보던
나뭇잎은
해마다 푸른 웃음으로
새잎 피우고,
가을엔 곱게 물들며
뚝
뚝
떨어졌으리라

빈자리

교감 책상 옆
빈자리 하나
선생님, 학생, 학부모님이
수시로 다녀간다

늦여름 부추꽃을 두었더니
부추향이 알싸하다
플로터 고장으로
옆 학교 부탁하러 갈 때
과일 주섬주섬 챙겨
부추꽃 몇 송이 얹었다

축구공에 부러진 국화
많이 아팠지
너도 빈자리에 머물다 가렴
모과 향 맡으며
노란 추억 남기고 가렴

선배님 댁 방문

팔공산 자락
오밀조밀 한옥
계절이
나직이 머물고 있다

아이들을 향한 열정이
장작처럼 타올라
정년퇴임을 앞두고
마지막 혼을 불사르는 모습
존경심마저 뜨겁다

갖가지 음식에
이야기 버무리니
비빔밥처럼 맛깔나고 풍성하다

돌아오는 길
무, 배추를 뽑아 주신다
마음이 쑤릇쑤릇하다
알싸한 11월 팔공산
꼬불꼬불 굽은 인연을
소중하게 실타래에 감았다

통영 인문학 기행 답사

운전이 서툴러
남편과 함께
문학 답사를 떠난다

남편은
체험 장소와 식당을 물색하랴
여행도 즐기랴
분주하다

계획한 일을 정리하고서야
케이블카로 여유를 누렸다

부족한 점을 채우는
참 좋은 친구이고
묵을수록 향기 짙은 짝이고
오래전에 주께서 정해주신 배필이다

캄캄한 밤에 운전하는 남편을 보며
참 좋은 인연을 고백한다

늘 고맙다
입안 가득한 말 하려니 어색하다
운전해 준 의리를 생각하여
슬쩍 돌려 말한다
곁에 있어 고마워요

책 한 권

책 한 권을 받았다
프롤로그 읽다가
감동이 울컥 쏟아졌다
아이들의 질문
수업을 고민하는 교사의 한숨
쿡쿡 쑤신다

아파하고 고민하는 교사
아이들의 질문에서
도리어
길을 찾는다

어둠에서 광맥 캐듯
선생님은 아이에게서 희망을 캔다

금희 쌤과 만남은
열흘 남짓이건만
인연은 철길마냥 기다랗다
북문 카페에서
가을 이야기를 나누고 싶다

방학 날

방학식 마치면
말끔히 학교 떠나는데
수다로 힘듦을 털어낼 동료들
하나둘 모인다

바쁜 업무 중
수업하는 중
기쁨과 슬픔이
씨실과 날실로 짜였는데
비 오는 날 통증처럼
아픔은 수시로 욱신거린다

이야기하다가
툭 터지는 눈물
화들짝 깨우는 웃음
미처 챙기지 못한 미안함
바쁨으로 핑계 댄 무심함
오늘은 혈육처럼
서로를 보듬는다
마음을 풀어내는 수다
동료를 깊이 이해하는 시간이다

아이와 어른의 상처까지 보듬고
실밥 흔적 없이 꿰매는
영혼의 치유자, 영애 쌤

고마운 동료

방학엔 도시락을 챙긴다
수요일마다 출근하는 그분과
점심을 먹었다
환경도우미 그분이
발 딛는 곳마다
아름다움이 소복소복 피어난다

매무새가 단아하고
심성은 맏며느리다
친정엄마 간호하러 서울로 오가며
일할 곳이 있어
감사하다는 게 입버릇이다

좋은 사람은 그저 복이다
소신껏 화장실을 청소하는 그분은
우리에게 복이다

출근일ㄴ 아닌데
냄비를 불쑥 내민다
이거 뭐예요
국 없이 점심 먹기에 끓여왔어요
이 일을 우짜꼬
국물보다 뜨거운 사랑
후루룩 마셨다
여름이라 눈물이 뜨뜻한가?

닉네임, 각시

동촌중에서 만난 인호 언니
이 세상 소풍을
바삐 마치고 떠났다
황망함, 허전함, 상실감
애써 슬픔을 동여맸는데
축축하게 젖어오는 그리움
숨길 수 없다

운동장 한 바퀴 돌고
뽀얀 꽃도 하염없이 바라보고
젖은 마음도 햇살에 내다 말렸는데
그리움은 무겁게 스며든다

"복 받을껴"
마침표 대신하는 말
아직도 생생한데

열두 폭 치마로 동료를 감싸고
아카시아꽃 타래처럼 향기롭던 언니
넝쿨 장미 붉은 오월에
봄으로 살다가
봄 소풍을 마쳤다

그리움
마르는 날도 있겠지요

기도의 응답

책 잘 받았어요
잘 읽을게요
연수대상자 지명도 축하해요
엉겁결의 축하
당황스러움과 고마움이 겹쳤다

오래전에
이런 기도를 드렸어요
주님
믿음이 좀 깊어지고
인격이 좀 다듬어지고
전문지식이 좀 생기거든
관리자의 길을 걷게 하소서

아직 어느 것 하나
채워진 게 없는데…
기도보다
나이가 먼저 차서
길을 여시네요

길을 여신 분이
그분이시니
동행하시는 분도
그분이시겠지요

위로자

'교감 연수 고생 많았네.'
15년 전에 모셨던 어르신과
청국장을 두고 마주 앉았다
찐득한 콩알처럼
정이 알알이 씹힌다

돌아오는 길
배보다 마음이 부르다
예전부터
시어머니 드리라고
두부도 챙겨주시고
추어탕도 사주셨는데

캄캄한 시골길
꼬불꼬불
서 있는 불빛처럼
곳곳에
어둠을 밝혀주는 위로자
드문드문 서 있구나

관리자의 옷

쌤들 괴롭히지 마슈
쌤들 편하게 해 줘라
교실 순회하지 마
교감 발령 전에
저마다 불편 사항을
열정적으로 충고했다

막상 현장에서는
요구할 일도 많았고
교실 순회도 해야 했다
편하게 해 준다는 게 쉽지 않다
관리자의 마음을
공감하는 일이 늘었다
그 자리에 서지 않고
내 잣대로 판단했던 말을
수없이 반성했다

불편하다고 벗을 수도 없는 옷

나그네의 옷은
북풍이 아니라
해님이 벗긴다는
매서움 대신 따스함으로
그러나
그것도 쉽지 않다

청룡산을 오르며

가창 정대에 숨어 사는 작은 마을
비슬산 옆 자락 청룡산 초입엔
보송보송한 쑥,
납작한 얼굴 노랗게 내민 미나리아재비,
막 벙그는 잎들이
미처 열지 못한 마음을 두드린다

아낙네가 말문 여는 듯
청룡산의 하얀 속내 수줍다
지인들의 걸음도
그네 닮아
조용히 타박거린다

보아주는 이 없어도
묵묵히 흐르는 골짜기 물에
제멋대로 살아온 날들을 씻는다
욕심에 때 묻은 손
시리도록 맑은 물이 못내 부끄러워
오래 담그지도 못한다

그는
지인의 몸이 초록으로 온통 젖었을 때
맨발로 걷고 싶도록 폭신한 길을 열어 준다
깊이 사귄 이에게 보여주는
가슴 깊은 다사로움

돌아오는 길
자꾸만 되돌아보는 발길에도
삶의 무게로
어깨가 무거운 지인에게
항상 문 열어주는
너 닮은 오솔길 하나 숨겨두고 싶구나

인생, 둥글게 여문다

시린 겨울 이겨내고
겨우내 땅에 웅크린 씨앗
안간힘 쓰며 흙덩이를 밀어 올린다
수런수런 봄 깨어나는 소리
생명의 경이, 봄의 시작이다

잣나무가 긴 팔 싱그럽고 펼쳐
햇살 몇 줌 내려 보내면
갈참나무, 신갈나무, 쥐똥나무도 함께 나눈다
상수리가 바람을 막으면
소나무도 뾰족한 잎으로 칼바람 마주하고,
나직한 들풀도 초록 몸 가냘프게 흔든다.

태동이 익어
신열로 잉태한 열매마다 불룩하다
주인이
흐뭇한 인사 한 마디 건넨다
올해는 막내 대학 등록금은 되겠네그려
몸 알뜰히 살펴 잣을 후두둑 떨어낸다
청설모, 다람쥐 겨우살이로
주인 몰래 꼭대기에 몇 알 숨긴다

가지에 내려앉는 눈
깃털의 무게가 소복이 모여
우지직 살 찢는 울음

개가 컹컹 겨울밤을 깨운다
시린 눈
모진 비바람
나직한 겨울, 눈물을 삼킨다

푸른 꿈을 함께 꾼 들풀
베이면서도 초록빛 눈물 떨구던 소나무
청설모에게 쥐어준 잣 몇 알
바람이 들려준 머나먼 숲의 그리움
침 묻혀 쓴 추억의 일기
연필로 꾹꾹 눌러 쓰면
스윽 잘릴 때만 알 수 있는
삐뚤삐뚤한 나이테
안쓰럽게 둥글어진다

33년 외길을 마무리하며
 - 정년퇴임 김 부장님께 -

옹기종기 모인 아이들 곁에
벚꽃이 포르르 내려앉으면
파릇한 희망을 여는 시(詩)가
순백 사랑으로 돋아납니다

틈새에 숨은 칭찬을 콕콕 찍으면
아이들은 행복으로 춤추고,
품생품사의 문법을 삐뚤삐뚤 널어
동리목월 문학기행으로 휘감으면
재능기부 쪽지가 펄럭입니다.
고운 말 타이포셔너리가 반짝이면
달빛 축제의 시가 가을로 익어
꿈 담은 이야기가 꽃 핍니다

3층 끝 교실
까르르까르르 소리가
창문을 쉴 새 없이 넘나들고
하이파이브 경쾌한 부딪침에
사탕 받고 돌아서는 모습이 달콤합니다

이슬받이, 가족회복, 학부모동아리가
기쁨으로 넘실대지만
정작 상을 사양하는 겸손함이
벼이삭처럼 고개 숙입니다

팔공산 끝자락에 터 잡고
폭포수 쏟아지는 사랑
활화산처럼 뜨거운 열정
싱싱한 나눔을 담으면
인연의 실타래 짜는 걸음마다
눈 위에 자취 남긴 이정표가 됩니다

무지개 하나로 뜨는 동변에
행복의 씨앗 후두둑 뿌리고
기쁨을 함께 거두는
추억 주셔서 감사합니다

33년간 고단한 교직의 길
한결같은 사랑과 따스한 이름을
존경의 액자에 담아 오래 간직하겠습니다
못다 한 인연은
전깃줄에 까맣게 앉은 참새 떼마냥
기다랗게 이어가고 싶습니다.

결혼을 축하하며
- 종원이와 빛고을의 결혼을 축하해 -

신록만큼이나 싱그럽고
장미 위에 부서지는 햇살만큼 눈부신
종원이와 고을아
아들과 딸의 허물 한 겹 벗고
남편과 아내로 나래를 펴는 첫발을 축복한다

서른 살 고개를 두 번 넘은 부모가
서른 살 문턱에 선 너희에게
꼭 하고픈 말은
하루하루를 거룩하고 의미 있게 살았으면 해
우리에게 주어진 것은
지난한 과거도 아니고
불안정한 미래도 아니고,
오직 오늘뿐이지
우리 인생은
하루의 조각이 모여 커다란 걸개그림을 완성하는 거야

종원이는
생일에 3단 케이크를 삐뚤삐뚤 그려주던 유치원생이었고,
아빠가 신학교에서 돌아오기를 손꼽던 4학년이었고,
할머니의 좋은 친구였던 중학 시절을 지나
아빠와 성경 말씀을 나누던 고3의 늦은 밤은
첫 휴가 벚꽃 같은 기다림이었어

여자 친구 보러 오라는 설렘 가득한 초청에
캠퍼스에서 고을이를 마주하던 파르르한 떨림,
둘이서 밥 먹는 모습도 복스러워
뭐라도 더 먹이고 싶은 엄마의 바람을 듬성듬성 접고
도서관으로 가며 맞잡은 손은
들판의 싱그러운 초록 향기였다

고을아,
너의 깨알 같은 편지는 네 마음인 듯 소중했다
나도 25년간 시어머니와 함께 산 며느리였다
별나라와 달나라처럼 별다른 고부 사이라지만
하나님이 맺어주신 가족이니
한 올 한 올 곱게 짜 보자

종원아,
아빠가 엄마를 한결같은 마음으로 아껴주고 배려하듯
고을이를 아낌없이 사랑하고 위로하고 챙겨주고
무엇보다 기도로 가정을 세우는 가장이 되렴

둘이 가는 미국의 인디애나 주는
지구본에서는 겨우 한 뼘이고,
우리 마음 속 지척의 거리이다
둘을 위해 날마다 무릎 꿇는 새벽과 늦은 밤
둘은 평안한 숨결처럼 가까울 거야

*요게벳이 모세를 갈대 상자에 담아
삶의 참 주인이신 그분께 맡겼듯이
너희 둘도 *삶의 참 부모이신 하나님께 맡긴다

때로 파도에 흔들거리고
사무치는 그리움도 있겠지만
그때마다 파도를 잠잠하게 하시고
작은 신음에도 귀 기울이시는 주님을 불러라

고난은
눈물의 골짜기를 지나 무성한 숲을 만나는 곳이더라
행복은
함께 감사로 기쁨을 나누며 겸손을 배우는 시간이더라

소박하게 내딛는 첫발에 하나님이 동행하시고
평생 거룩한 결혼 생활을 위해 기도하는 자가 되길 기도한다
주님의 은혜가 햇살처럼 눈부신 삶이길 온 마음으로 축복한다

*요게벳: 이스라엘의 사내아이를 죽이라는 애굽의 정책에도 불구하고 몰래 석 달 동안 사내아이를 키우다가 감시에 견디지 못하고 갈대 상자에 아들을 띄워 보내는 모세의 엄마
*삶의 참 부모이신 하나님: 염평안 님의 '요게벳의 노래' 가사에 나오는 말

Part 글. 일렁이는 감동

아이들, 많이 고마워

큰사람 되겠습니다

3월은 분주하고, 어수선한 가운데 보이지 않는 질서가 예리하게 줄을 맞춘다. 종이 치자마자 아이들의 발걸음도 날쌔다. 새롭게 시작하는 긴장감이 아이들의 발걸음을 숨 가쁘게 한다. 선생님의 말에도 기강을 세우려는 날 선 빛이 번득인다.

겨울잠을 자던 아이들의 느긋한 버릇을 깨우는 선생님의 어깨는 긴장으로 팽팽하다. 학생의 상황을 파악하느라 교실마다, 특별실마다 담임 선생님과 학생들의 깊은 만남이 눈에 띈다. 꾸중을 듣는 아이, 속사정을 이야기하다 우는 아이, 똘망똘망한 눈으로 새로운 출발을 다짐하는 아이들의 모습은 온통 긴장과 설렘, 각오와 꿈이 풀 먹인 옷깃처럼 빳빳하다.

그런 와중에도 선생님께 친근하게 다가서는 아이들의 부단한 몸부림은 풋나물처럼 향기롭다. 아이들은 가던 길을 멈추고 싱그러운 목소리로 인사를 한다.
"큰사람 되겠습니다."
"큰사람 되십시오."

에모토 마사부의 '물은 답을 알고 있다'에는 어떤 말을 듣는 것이 얼마나 중요한지 물의 결정체를 통해 보여준다. '사랑', '감사'라는 말에는 수정처럼 아름다운 육각형 결정체를, '악마'라는 말에는 중앙이 검고 흉측한 형상을 나타내는 것처럼 아이들이 어떤 말을 하고 듣는지는 매우 중요하다.

그래서 3월을 다부지게 내딛는 아이들에게 인생 로드맵을 그리게 한 후에 인사말을 '큰사람 되겠습니다'로 바꾸었다. 이 한마디가 평생 힘이 되고 가슴에 오래 남아 좋은 파장을 일으키기를 기대하는 마음으로 줄기차게 인사를 주고받는다.

큰사람은 '일을 소신껏 하는 사람', '빛과 소금의 역할을 하는 사람', '각자의 분야에서 최선을 다하여 남을 유익하게 하는 사람', '재능을 사회에 기부하여 더불어 살아가는 삶을 실천하는 사람'이다. 그러나 입을 떼기가 어색한 아이들도 보인다. 또 어떤 아이는 '큰사람'에 대한 중의적 의미로 풀이하기도 한다.

"선생님, 190cm까지 키가 크도록 하겠습니다."
"저는 선생님보다 장신(長身)이니까 벌써 큰사람 되었습니다."

계단을 오르내리고, 복도를 오가며, 운동장을 가로지르면서 아이들은 '큰사람 되겠습니다'를 장난스럽게 반복한다. 그래, 키가 크든지, 마음이 크든지, 꿈이 크든지, 참으로 큰사람이 되어서 이 땅을 살 만한 터로 만들어 보자꾸나.

오랜만에 해 보는 받아쓰기

"오늘은 맞춤법에 맞게 받아쓰기를 해볼 거예요."
"와와, 자신 있어요."
아이들의 환호는 풀잎처럼 싱싱했다. 초등학교 때부터 단련된 실력이라 자신감이 터질 듯 팽팽했다. 1번, 2번으로 넘어갈 때마다 아이들의 자신감에 바람이 '쉬익쉬익' 빠지기 시작했다.

"낱말의 형태, 문장 부호, 띄어쓰기도 해야 되나요?"
"그~~럼, 맞춤법은 그 모든 걸 포함하는 약속이니까요."
아이들의 팽팽한 자신감에 바람을 빼고 나서, 주변에서 잘못된 맞춤법의 예를 찾기로 했다.
"맞춤법에 맞지 않는 간판이 많아요."
"식당의 식단표에도 틀린 말이 있어요."
"텔레비전 예능 프로그램에 나오는 자막도 많이 틀려요."

모둠별로 발표할 때마다 잘못된 것을 찾아내는 예리함에 탄성을 질렀고, 이렇게 푸짐하게 숙제를 한 것에 대해 서로 놀라움을 감추지 못했다. 그중에서 두 모둠의 발표가 특히 눈에 띄었다. 한 모둠은 수업보다 심화된 내용을 찾아 근거를 일일이 밝혔다. '워크샵'이 아니라 '워크숍'이 맞는 이유는 미국식이 아닌 영국식 표기가 외국어 표기 원칙이기 때문이다. 그렇게 또박또박 밝힌 아이에게서 학자의 태도가 두드러졌다.

어떤 모둠은 맞춤법의 실태와 간판이나 광고에서 맞춤법을 틀리게 씀으로써 얻는 효과, 그리고 앞으로의 바람직한 방향에 대해 언급했다. 마치 사업 계획서를 발표하는 것 같았다. 아이들의 푸릇푸릇한 미래를 동시에 볼 수 있는 이번 발표는 흙 묻은 보석을 발견한 것처럼 가슴이 콩닥거리고, 봄날에 까실하게 패는 보리처럼 희망이 교실에 파랗게 일렁거렸다. 도로교통법이 운전자와 보행자에게 필요하듯, 맞춤법은 바른 언어생활을 위한 약속이므로 꼭 지킬 필요성이 있다고 소감을 밝혔다.

만화의 경우 맞춤법을 깨뜨림으로써 얻는 독특한 맛이 있고, 상업적인 면에서 의도적으로 틀리게 쓰는 경우도 있다. 그러나 정말 모르고 쓰는 경우, 시대에 따라 변한 맞춤법에 대해서도 의견을 야무지게 표현했다.

이 활동은 교실에서 배운 지식을 실생활에 적용해 보는 기쁨과 동시에 맞춤법 생활에 대한 우리의 자세를 생각하는 좋은 기회였다. 무엇보다 모둠 활동을 통해 몇몇 귀한 보화 같은 아이를 찾아낸 기쁨은 유독 컸다.

"큰사람이 될 여러분의 재능을 부지런히 캐내어, 반짝반짝 닦아 봅시다."

감사의 말로 새해를 열자

"선생님, 감사의 말을 생각하니까 마음이 행복해져요."
"부모님과 선생님의 사랑을 받는 것은 당연한 줄 알았는데, 당연한 것이 감사의 조건이 되는 걸 처음 알게 됐어요."

한 해를 마무리하면서 아이들과 함께 가르침을 준 선생님께 감사 편지를 쓰는 시간을 가졌다. 새 시대의 급작스러운 물결에 휩쓸려 간 것 중 하나가 편지 쓰기다. 그 편지에 감사와 고마움을 꾹꾹 눌러 담아내는 것을 알려주고 싶었다.

일 년 동안 배운 선생님께 편지를 쓰기 시작했다. 마지못해 한 줄씩 쓰는 아이들, 길고 긴 사연을 담는 아이들, 건반과 음표에 편지 쓰는 아이들, 캐리커처로 개성을 그려내는 아이들, 저마다 가슴에 묻어두었던 고마움의 단추를 하나하나 풀어냈다.
시간이 무르익을수록 삐죽한 불평 대신 흥겨움이 어깨를 들썩이게 했다. 두 시간에 걸쳐 쓴 편지를 엮어 선생님들께 배달하는 날까지 아이들의 설렘과 두근거림이 전해졌다. 드디어 종업식 날, 편지를 전달하는 아이들의 상기된 얼굴엔 감사의 마음보다 기쁨이 펄럭거렸다.

편지를 받아 든 선생님의 표정이 꽃잎처럼 활짝 피었다. 학기 말의 송총히 업무를 내려놓고 아이들의 질박한 마음을 어루만지는 모습이 난로처럼 따뜻하다.
아이들의 따뜻한 마음이 '푸우~'하고 퍼지니까 고단한 선생님의 마음속 주름살이 펴지는 것 같다. 위아래 없이 대들던 아이들도 감사의 품에 안기면 유순한 마음으로 돌아와 자신의 실수를 인정하고 용서도 구한다. 원칙의 촘촘한 잣대로 맞섰던 선생님도 아이의 따뜻한 마음을 만나 이해와 화합의

장에서 함께 어우러진다.

담장이 허물어지고 교문이 열려 있다고 낯선 이들이 교육 마당을 함부로 밟았다. 그 위에 세찬 바람은 교육의 울타리를 마구 흔들어댔다. 하지만 여전히 교육의 화단엔 채송화가 필 것이고, 봉숭아는 탱글탱글한 꿈을 터뜨릴 것이며, 아이들의 꿈은 샐비어로 빨갛게 물들 것이다.

새해가 아이들처럼 앳된 얼굴로 생생하게 떠올랐다. 새해에는 교육에 대한 질타도 필요하지만 따뜻한 믿음의 시선을 보내주었으면 한다. 시골의 툇마루처럼 학생을 윤기 나게 해 주는 선생님의 사랑을 기대한다. 그리고 선생님께 존경과 감사의 마음을 보내는 참 제자가 배출되기를 기대한다.

서로 배려하기

방학 동안 싸늘하게 식었던 교실이 아이들의 분주한 소리에 겨울잠에서 부스스 깨어났다. 고드름을 툭 치면 부러지듯 아이들의 어깨는 긴장으로 뻣뻣하다. 새롭게 출발하는 아이들의 내면이 포동포동하고 튼실하게 살찌기를 기대한다. 동시에 서로를 존귀하게 여기는 배려가 아이들의 마음에 깊이 뿌리내렸으면 한다.

배려심이 자리 잡기를 바라게 된 것은 2월에 제자를 만나고 나서였다. 그는 힘든 상황에서도 이겨내려는 의지가 강하고, 구덩이를 팔 때 넓고 깊게 팔 줄 아는 큰 그릇의 아이였다. 그는 중 3학년 때 책 60권 읽기를 목표로 도서실에 살다시피 하였다. 그를 만나면 어깨를 토닥여 주고, 몇 번의 따스한 눈길을 주고받으며 동아리 활동에서 글 쓰는 것을 지켜봤다.

졸업 후 그를 다시 만난 날은 종업식 날이었다. 1년에 한 번 만나는 동아리날에는 동아리 멤버들과 함께라 정작 속엣말은 못했단다. 처리해야 할 일거리가 태산 같았지만, 도움을 원하는 제자의 간절한 눈망울을 앞에 두고 일거리는 뒷전으로 밀려날 수밖에 없었다.

바쁜 일심을 내려놓고 아이의 마음과 만나는 순간, 일상은 무성음으로 배경 화면이 바뀌었다. 오직 그의 가슴 속에 가둬두었던 힘듦, 굽이굽이 쌓인 사연이 그저 울음으로 뚝뚝 떨어질 뿐이었다.
손을 잡고 그냥 어깨만 두드리며 '그랬구나', '힘들었구나'만 반복했다. 잔뜩 긴장된 3월, 친구들의 말에 마음이 베이고, 막다른 벽에 긁힌 자국이 몇 군데 상흔으로 남아 있었다. 나을 만하면 덧나는 상처 때문에 마음의 상처가 삐뚤삐뚤 금이 가는 상황이었다. 다행히 탈출구로 공부에 매진한 결과, 그나마 성적 면에서는 성과를 거두었단다.

영화 <사운드 오브 뮤직>에는 "주께서 한쪽 문을 닫으시면, 다른 쪽 문을 여신다."라는 말이 있다. 이 말처럼 친구 관계에서는 닫혔는데, 공부에 문이 열려서 그나마 위로가 되었단다. 그러나 친구 관계의 모서리에 부딪치지 않으며 서로 보듬어 주는 일을 꼭 하고 싶다며 남은 눈물을 마저 훔치고 돌아갔다. 아이의 굵직한 아픔이 오래오래 가슴을 쑤신다.

창호지 문에 달빛 비치듯, 젖은 마음을 은은히 안아주고, 넉넉히 포용하며 살아가라고 오래 빌었다.

한 알의 밀알을 심는다

"선생님, 이번에 100점 받았어요."
"세상에, 정말?"
"그렇습니다."
운동을 그만두고, 공부에 전념한 것이 3학년 학기 초였다. 무디어진 머리를 매일 독서실에서 책으로 다듬던 아이, 요령이 아닌 오직 집념 하나로 여름의 무더위를 이기고, 추석도 독서실에서 외롭던 보내던 아이, 운동으로 끈기를 익힌 아이는 샛길이 아닌 정도(正道)로 꿋꿋이 걸었다. 유도할 때처럼 공부를 이리 던지고, 저리 던지며 땀을 흘렸다. 온몸으로 공부를 하느라 몸에 늘 공부 냄새가 배어 있었다. 공부를 운동처럼 무디게 하던 그 아이는 학교를 마치면 독서실로 직행했다. 그날 배운 것을 하루에 4번씩 반복하기를 두 달, 1학기 기말고사 성적이 21점에서 40점으로 올라가더니, 드디어 2학기에 국어 100점을 받았단다.

그 아이를 처음 만난 건 여름방학 특별 보충수업 때였다. 인사하는 품새가 어찌나 공손한지, 이후 그와 수업 한 번 하지 않았지만, 무슨 일이 있을 때마다 중요한 변화를 일일이 알려주었다.
쉬는 시간만 되면 가두었던 댐의 수문이 터지듯 교실에서 아이들이 와르르 쏟아졌다. 숱한 아이들 속에서도 그 아이를 유독 구별할 수 있는 것은 가던 길 멈추고 공손하게 인사를 하기 때문이었다. 한번 잘 길들인 버릇이 참으로 아름다웠다. EBS 방송을 4번씩이나 반복하는 것을 지금도 쉬지 않고 있다.

그는 국어, 사회, 과학은 반복과 집중을 통해 성적을 올릴 수 있지만 정말로 기초가 부족한 영어와 수학을 위해서는 어찌할 방법이 없다고 고민을 털어놓았다. 기초가 쌓이지 않은 상태에서 집을 지으니 무너지고, 다시 지어도 무너졌다. 그 허망한 무너짐을 4번이나 반복한 후에 그는 '모래 위에 집을 짓는 것이 아니라, 기초를 다지자'라는 결론에 이르렀다.

어느 날 1학년 수학 선생님께 와서 말했다.
"선생님, 수학책 한 권 주십시오."
"문제집을 줄까?"
"아뇨. 문제집이 아니라, 중학교 1학년 교과서를 주십시오."
"중3이 왜 중1 수학책이 필요하니?"
옆에서 듣던 내가 거들었다.
"기초부터 다지려고 하는 거라 그냥 교과서를 주시면 됩니다."
중학교 1학년 수학책과 영어책을 쑥스럽게 받아 든 뒷모습이 듬직하다. 학교에서 대학생 멘토를 주선하여 방과후 개별수업을, 방학에는 중1 영어와 수학을 지도하였다. 스스로 일어서려고 하니 주위에서 꿈을 이루도록 돕는 손길이 줄을 이었다.

졸업식에서 그 아이는 자기 삶에 대해 에세이를 발표할 예정이다. 동기들과 후배들은 누구의 말보다도 친구의 말을, 선배의 말을 더 받아들이기 쉬우리라.
과거는 지나간 후여서 좋았다고 생각되고, 현재 닥친 현실은 전쟁터처럼 치열하고 숨 가쁘다. 이 치열함은 날이 갈수록 더할 것이지만 예전과 변함없는 기쁨은 아이들의 변화, 성숙을 바라보는 것이다. 이는 밭에서 보화를 캐낸 것처럼 소중하다. 숱하게 스쳐 간 아이들 중에서 몇몇 아이들을 만날 수 있는 행운은 로또 당첨보다 소중하다. 모두가 정상분포선 안은 아니라도, 선 밖에서도 이렇게 멋지게 날개를 펼치는 것을 보는 기쁨이 대단하다. 그것은 감사이고 감격이다.

문지가 아파요

6교시. 3학년 4반. 수업을 시작하는데 한 아이가 엎드려 있다.
"저 애는 누구니?"
"문지요."
"지난 시간부터 아파서 엎드려 있어요."
학생들에게 학습 활동을 하게 한 후, 문지 자리로 갔다. 그런데 아이들이 활동은 하지 않고 시선이 일제히 나를 따라온다.
'얘가 많이 아팠나 보다. 봄에 파카를 덮고 담요까지 덮어쓰고 누운 걸 보면…. 진작에 아이를 어루만져 줄 걸. 미안한데….'

각자 활동을 해야 할 아이들이 숨죽이며 나의 걸음을 조심스럽고도 은밀하게 미행하는 게 느껴진다. '공부도 중요하지만, 아이의 아픈 상황을 먼저 확인해야 하는 건데, 오늘은 큰 실수를 했네. 아이들이 모두 저렇게 신경을 쓰며, 내 행동을 지켜보는 걸 보면….'
책상 위에 책이 어지럽게 놓여 있고, 책을 베고 문지가 엎드려 있다. 덩치가 왜소하다. 책상 위에 놓인 팔을 조심스럽게 만졌다.
'어? 이거 뭐지? 뼈가 너무 앙상해.'
'이렇게 약하니 아프기도 하겠다.'

"선생님, 문지 머리 좀 쓰다듬어 주세요."
"문지가 1교시부터 많이 아팠거든요."

아이들이 일제히 숨을 멈추었다. 문지가 덮고 있는 파카를 만지는 순간 이상한 느낌이 스쳤다. 덫에 걸렸다는 느낌이 들었으나, 이미 빠져나올 수도 없었다. 문지의 파카를 들추는 순간, 까만 머리카락 대신 신문지가 똘똘 뭉쳐져 파카 속에 웅크리고 있다.

"와하하하하!"
나를 덫에 걸기 위해 고심한 아이들의 기발함과 숨 막히게 긴장했을 모든 긴장감이 한꺼번에 폭소로 터져 나왔다.

"그런데 이름이 왜 문지야?"
"신문지로 만들었잖아요."
"역시, 기발해. 만우절에 이렇게 완벽하게 속아 넘어가다니, 너무 행복해."

실컷 웃고 나서 유쾌하게 수업을 하는데, 다른 학급 학생이 문을 두드린다.
"우리 선생님이 컴퓨터에 수업용 CD 빼 오라고 하셨어요."
"없는데, 4반에서 빼 오라는 게 확실해?"
"예, 그런데 거기에 꽂힌 건 뭐예요?"
"그건 내 수업용이란다."
아이 얼굴에 곤혹이 퍼진다.
"너 수업 시간에 딴짓했지? 선생님께 만우절이라고 낚인(?) 거구나."
"우하하하하!"

우리가 지킨다, 지구는

"얘들아, 덥지 않니? 선풍기 틀지?"
"괜찮아요, 지구는 우리가 지켜요."
"요새 전기를 너무 많이 쓰고, 에너지를 아끼지 않아서 지구가 몸살이 났잖아요. 그래서 우리 학급만이라도 전기를 아껴보려고요."
"와, 놀라운 걸. 그런 기특한 생각을 하다니."

다른 학급에서는 덥다고 생난리다. 그런데 이 반은 어떻게 된 일인지, 진짜로 문을 활짝 열어놓고, 비행기의 굉음이 교실을 수시로 드나들어도 아랑곳하지 않고 선풍기도 안 틀고 견딘다. 아마 몇몇 친구들의 성화에 친구들이 동조하는 셈인데, 대신 미술 시간에 만든 부채를 부치며 지낸다.
머리카락 사이로 땀방울이 송글송글 매달렸다가 또르르 미끄럼을 탄다. 이렇게 하는 것이 자기 학급만의 자랑인 듯, 선생님들의 칭찬에 힘입은 듯, 배움을 실천함이 뿌듯함인 듯 더위와 용감하게 싸우고 있다. 체육 시간 후에 들어가니 오랜만에 선풍기가 씽씽 돌아간다. 한참 수업 중인데, 천장을 보니 벌써 선풍기는 꺼져 있다.

"언제 껐니?"
"이제 땀이 식었으니 꺼도 되지요, 뭐."
"지구는 우리가 지킬 거예요."

이제는 아예 합창이다. 아무래도 신기하다. 어지간하면 덥다고 소리를 지를 법한데, 이 아이들은 그것이 올바르다고 생각하면 곧잘 지키곤 한다.

이 학급은 유독 다른 게 많다. 어느 날엔가 교실에 가보니 담임 선생님 생일이라며 칠판에 알록달록한 감사의 인사를 **빼곡하게** 적어놓았다. 칠판 모서리에 풍선이 노랗게 피어 있다. 참으로 오랜만에 만나는 정겨운 풍경이라 뭉클한 감동이 출렁거렸다.

예전의 편지가 문자로 실시간으로 배달되는 시대지만 이 학급에서는 학생들의 따뜻한 마음이 뭉긋하게 전해진다. 지구를 보호해야 한다고 확성기로 떠들어도, 정작 소음처럼 여겨질 텐데, 어느 순간 에너지 절약에 대한 감동이 마음속 전선을 따라 찌릿하게 전율을 일으킨 것일까?
무더위를 이겨낼 힘은 어디서 온 걸까? 저런 힘으로 더위뿐 아니라 어려움도 이겨낸다면 얼마나 의미 있을까? 교실에 뿌린 씨앗이 삶에서 뿌리를 내린다면 또 얼마나 감동적일까?

이 학급의 도전이 어디까지 진행될까? 설령 공든 탑이 무너진다고 해도 한탄한 일도 없으려니와 시도만으로도 충분히 가치 있다고 말하고 싶다.
누가 숱하게 각오하고 며칠만 실천했다고 돌을 던질 것인가? 오히려 그 마음을 실천에 옮겼던 용기에 박수를 보내지 않겠는가?

아이들이 단체로 벌을 서요

"선생니임, 선생니임~"
헐레벌떡 뛰어오는 아이는 놀라움을 헉헉 토한다.
"무슨 일이니?"
"우리 반 아이들이요. 단체로 무릎을 꿇고 벌을 서고 있어요."
"점심을 먹더니 교실 앞쪽에 다 꿇어앉아 있어요."

연락한 학습 도움반 아이와 함께 성큼성큼 계단을 뛰어올랐다. 과연 아이들이 교실 앞쪽에 무릎을 꿇고 있었다.

"얘들아, 뭐 하니?"
"연습하고 있는데요."
"무슨 연습을?"
"야영 가서 반별 장기 자랑 연습요. 카드 섹션 연습하는데 카드가 잘 보이게 하려면 이게 좋을 것 같아서요. 다른 시간을 따로 빌리기도 어렵고 해서요."
콩닥거리던 심장이 갑자기 아이들에 대한 무한한 신뢰 모드로 급반전되면서 감동의 파도가 푸르게 넘실거렸다.

며칠 전, 아이들이 1학년 야영 활동의 절정인 장기 자랑 대회를 고민하였다.
"선생님, 어떤 게 가장 좋을까요?"
"글쎄, 친구들이 많이 참여하는 게 좋지 않을까?"
그 이후 자기들끼리 의견을 모았다고 한다. 합창단 활동을 하는 아이가
"나라별 국기를 만들어 카드 섹션을 하면 아이들이 모두 참여할 수 있지 않을까?"

"좋은 생각이야. 그럼 그렇게 하자."
그리고 연습이 시작되었다.

상을 받기 위해서 아이들은 점심시간을 쪼개고, 수다 떠는 시간도 기꺼이 내려놓았다. 앞줄은 앉고, 둘째 줄은 무릎 꿇고, 셋째 줄은 서서 카드 섹션을 준비했다. 새로운 노래와 카드 섹션으로 모든 걸 기획하는데, 앞에서 이끄는 아이나 동참하는 아이들의 단합은 참으로 놀라웠다.

아이들은 본 만큼, 아는 만큼, 들은 만큼 그것을 토대로 새로운 것을 더 멋지게 빚어낸다. 그래서 요즘 학교에서는 다양한 창의적 체험활동을 통해서 무엇이든 경험할 기회를 많이 제공한다. 합창단에서 활동한 아이는 자기가 배운 것을 친구들에게 알려주고, 친구들은 이 경험을 토대로 멋진 아이디어를 만들어 낸 것이다.

오래전 가르쳤던 제자 한 명이 생각난다. 그는 한국 생활을 하다가 미국에서 시각디자인을 공부한다. 한국적인 것을 바탕으로 디자인하기 때문에 외국인으로부터 동양적인 것에 관심을 많이 받는다고 한다. 경험의 뿌리가 새로움을 낳는다. 이 일로 아이들의 무한한 잠재력에 날개를 달아주고, 날개를 활짝 펼 수 있도록 하는 것이 산교육이라는 평범한 진리를 깨닫는다.

숲에 피는 작은 꽃

"상 받은 기분이 어때?"
"진짜 기분 좋아요."
"믿어지지 않아요."
"다음엔 더 잘해야겠어요."
"엄마한테 상품을 슬쩍 내밀고 아무 말도 하지 않았어요."
"엄마가 대견한 표정을 지으셨겠구나."

큰 나무에 가리거나, 때로 무성한 수풀에 가려 햇살 한번 제대로 받지 못하는 왜소한 풀과 나무를 본 적이 있는가? 커다란 학교 울타리 안에 옹기종기 모여 사는 아이 중에도 따사로운 칭찬 대신 언제나 그늘에 가려 축축하게 젖은 아이들이 있다.

그 아이들이 오랜만에 활기치고 칭찬의 강렬한 햇살을 받아 그간 축축이 젖은 마음을 보송보송 말리는 일이 있었다. 그것은 바로 교과 부진반 학생들에 대한 특별한 시상이었다. 교과 부진반에서 한 학기 동안 열심히 수업하고 성과가 두드러진 학생에게 칭찬의 상품을 준비한 것이다. 상품을 못 받은 아이들은 시큰둥한 표정이었지만, 상품은 뭘까? 궁금증이 비죽 내민 고개 끝에 대롱대롱 매달렸다.

교과 부진반 아이들은 수업 시간에 배운 내용을 곧잘 발표했다. 도토리 키 재기로 수준이 비슷하니 서로 단원의 답을 맞히고, 이유까지 당당하게 말했다. 철에 맞지 않는 옷을 걸친 것처럼 그간에 배운 내용을 문맥에 상관없이 마구마구 풀어헤쳐 내는 바람에 수업은 온통 웃음으로 빵빵 터졌다. 발표할 적마다 모아둔 스티커가 제법 쌓였다. 마지막 수업 날, 성실하게 수업한 아이들과 함께 피자를 먹었다. 다들 입이 피자보다 더 크게 벌어졌다.

피자 조각만큼 행복도 부채꼴로 알록달록 펼쳐졌다.

학교에서는 이 아이들에게 자신감과 용기를 주기 위해 아이들의 수준에 맞는 퀴즈 문제를 함께 풀고, 상도 주고, 울퉁불퉁한 마음도 북돋워 주었다. 칭찬의 동기 부여를 받은 아이들은 도서실이 떠나가라고 소리를 질렀다. 수업 시간마다 마음의 문을 철커덕 잠그고 자물쇠까지 꽁꽁 채웠던 아이들은 자신을 받아주는 사람 앞에서 마음의 문을 활짝 열어젖혔다.

오랜만에 자신감의 햇살을 받은 아이들은 등 푸른 생선처럼 퍼덕거렸다. 참으로 오랜만에 시원한 휴양림에 도착한 듯 아이들은 온통 초록빛이다.

제가 업어 드릴까요

"선생님, 어쩌다가 다쳤어요?"
"수업용 준비물은 제가 들게요."
"선생님, 천천히 올라가세요."
"힘드신데 제가 업어 드릴까요?"

절룩거리며 계단을 오르는 나에게 아이들은 저마다 한 마디씩 건넨다. 방학 끝자락에 발목을 다쳐 반깁스를 했다. 계단을 오르내릴 때마다 무심코 지나가는 아이들도 있지만, 수업을 함께하는 아이들은 걱정의 마음을 전하는데 따뜻하다. 체육 시간을 마치고 올라오는 남학생은 아예 등을 돌려 업으려고 한다. 가끔 여학생도 업히라는 시늉을 한다.

요즘 아이들의 언어는 때로 비속어의 난장판에 뒹군 것처럼 지푸라기, 흙투성이, 진흙덩이가 얼룩덜룩하다. 화가 나면 비속어를 무자비하게 쏟아내기도 한다. 진흙탕에서 묻은 말을 거침없이 내뱉으면 옆 사람의 얼굴과 옷에는 더러운 흙이 지저분하게 남아 지워지지 않는 경우도 있다. 빗길을 거침없이 지나는 자동차에 물벼락을 흠뻑 맞은 것처럼 당혹스럽다.

그러나 아이들의 세상엔 순수함이 싱싱하게 움 돋아 있다. 오랜만에 밟아 보는 푸른 잔디 같은 폭신한 아이들의 마음 밭에 발을 디디면 '아, 이게 사제간의 만남이구나!' 하는 생각을 한다. 그들과 따뜻한 마음을 주고받을 수 있다는 게 눈물겹게 고맙다.

수업하면서 아이들의 배려와 걱정에 고맙다고 했더니 계단을 오르내릴 때마다 '업어 드릴까요'를 연발한다. 멀쑥하게 큰 남학생은 아예 엘리베이터로 안내하며 긴 허리를 굽혀 서양 인사를 한다. 반깁스를 연결고리로 해서 아이들은 선생님 곁으로 친근하게 다가왔다. 반깁스를 풀고 난 후, 압박붕대를 보면서도 인사는 계속 이어졌다.

이 일을 계기로 반대편에 서서 생각하게 되었다. 내가 발목 때문에 온몸을 절룩거리며 걸을 때 아이들이 따뜻하게 말 걸어오듯이 나는 아이들의 상처를 걱정하며 그들의 절룩거림에 부축을 해 주었는지 말이다.

연한 나무의 상처는 쉽게 생채기로 남듯이, 아이들에게도 한 뼘씩 자라면서 여러 가지 아픔이 있을 터이다. 그들의 마음을 따뜻하게 어루만지는 것이 내가 받은 사랑에 대한 되돌려줌이 아닐까?

"얘들아, 너희들이 때로 인생길에서 절룩일 때 부축하며 업어주고 싶구나."

쉬는 시간

'띠리리리리~ 띠딩'
쉬는 시간이 되자 교실은 일제히 아이들을 폭포수처럼 쏟아냈다. 급하게 화장실에 가는 아이, 졸음을 떨치고 복도를 가로질러 장난을 치는 아이, 학급마다 붙여진 '다른 반 학생은 들어오지 마세요'라는 문구를 무시하고 남의 교실에 버젓이 들어와 한바탕 휘젓고 다니는 아이, 숙제를 급하게 베끼는 아이, 참았던 잠을 책상에 널브려 놓고 엎어지는 아이들.

"너 숙제 다 했니?"
"체육복 좀 빌려줘."
"사물함에 있는 네 책 빌려 간다."
"과자 같이 먹을까?"
"선생님, 쟤 보세요. 쟤가 때려요."

아이들의 말소리가 농구공처럼 오버헤드패스가 되어 '휙휙' 날아간다. 경기할 때 공은 아무리 빨라도 한 개만 패스되기 때문에 잘 알 수 있다. 그러나 쉬는 시간에 던져지는 아이들의 말은 여러 개가 속공으로 휙휙 날아들어 정신이 없다.
수업 시간에 해삼처럼 흐물거리던 아이가 쉬는 시간엔 활기차게 복도를 활보하는 걸 보면 신기하다. 수많은 이이 속에서도 끼리끼리 이울리는 친구들이 구별되는 것도 놀랍다. 아이들을 찍는 카메라맨처럼 나도 덩달아 분주하고 바쁘다.

"왜 교무실에 안 가세요?"
"너희들을 좀 더 알고 싶고, 잠시 자유를 누리고 싶어서야."
수업 시간에는 수업에 대한 부담감과 전체를 이끌어야 하는 중압감 때문에 아이들과 눈높이를 맞추고 깊이 만날 여유가 없다.

그러나 쉬는 시간에는 책을 덮고 무거운 짐도 내려놓는다. 그 짧은 시간에 부딪는 아이들, 생글생글 다가오는 아이들, 무심한 듯 성큼 다가서는 아이들과 짤막한 만남은 참으로 농도가 짙다.

때로는 선생님이라는 격식 갖춘 윗도리를 벗고 티셔츠 차림으로 아이들과 홀가분하게 만나는 것 같다. 직함과 나이를 뛰어넘어 맨발과 맨얼굴로 만나고 싶다. 쉬는 시간에 아이들의 살아 숨 쉬는 그 활기찬 분위기를 마음껏 누리고 싶다.

매일 체육대회만 같아라

가을 하늘 아래 아이들이 나풀댄다. 운동장은 전교생을 쏟아부어 빼곡하다. 목이 터져라 외치는 함성이 길 가던 사람을 붙들고, 가을을 마구 흔든다. 아이들이 입은 학급 티셔츠는 김밥처럼 알록달록하다. 시금치 닮은 초록색, 단무지 닮은 노란색, 햄 닮은 붉은색, 김 닮은 검은색 티셔츠가 운동장을 상모 춤으로 휘감는다.

아이들이 만든 응원 피켓 또한 제각각이다. 승리를 장담하며 긍정적인 마인드를 제공하는 피켓이 눈에 띈다.
'긴장해라, 4반 나가신다.'
'7반은 우리가 지킨다.'
'눈썹 휘날리며'
'외모도 A, 공부도 A, 모든 게 A+'
'공부, 운동, 노래, 효도, 못 하는 게 없는 엄친 8반'
문구가 까만색 하드보드 지에 형광색으로 빛난다.

'3반, 오늘만 나대자.'
그 옆에는
'니대지 말고, 앞만 봐.'
로 팽팽하게 맞선다.

그러다가 담임을 주제로
'꼴찌하면 담임 쌤 시집 못 가.'
'화려한 솔로'
'1반이란 말이지~'
'담임 만족, 발로 뛰겠소.'

'지면 알아서 눕는 겁니다.'
'남자 없다. 니가 뛰어라.'
'지면 무한 종례.'
'지려면 딴 반 가!'
로 다부진 승리를 확신하는 응원구가 함성 속에서 꿈틀거린다.

온갖 종류의 달리기, 날아가는 양탄자, 인간 파도타기, 줄다리기, 보드 레이스, 놋다리밟기 등이 아이들의 행복을 빵빵하게 부풀게 한다. 학생과 담임이 앞서거니 뒤서거니 박자를 맞춘다. 구령도 제각각, 학급 티셔츠도 제각각이건만 행복으로 활짝 핀 모습은 똑같다. 배턴을 주고받다가 실수하는 바람에 늦어지는 아이들, 걸려 넘어지는 아이들, 지켜보는 이의 안타까움이 채 터지지도 못한다.

목이 터지라고 응원하고 서로 얼싸안는다. 그러나 꼴찌로 달려온 아이의 등을 토닥이며 위로하는 표정도 알싸한 감동이다. 꼴찌일지라도 결승선까지 달려오는 용기에 보내는 박수는 뜨겁다. 운동장은 온통 안타까움과 감동이 씨실과 날실로 엮여 아름다운 문양을 짜는 중이다.

교실에서 못다 쏟아낸 열정을 운동장에서 마음껏 발산한다. 체육대회 날에는 숨겨진 끼를 마음껏 살릴 수 있다. 그러나 일을 준비하는 분주한 손길의 고단함도 기억해야 한다. 새벽부터 운동장에 줄을 그으며 비가 내리지 않기를 간구하는 숨은 손길에도 감사의 박수를 보낸다.

"우승, 바로 이 맛 아닙니까?"
가을 하늘은 아이들의 함성에 놀라 파랗게 높았다.

축제, 풍성한 결실

홍시가 노을빛으로 익고, 사과가 탱글탱글 여무는 가을이다. 아이들의 가을에도 풍성한 수확으로 흥겨운 기쁨이 일렁인다.

수업 시간마다 만든 작품이 빼곡한 전시장엔 송글송글 맺힌 땀이 보인다. 기술·가정 시간에 만든, 바늘이 듬성듬성 지나간 자국을 따라 완성된 파우치에는 알록달록한 꿈이 수놓아져 있고, 정교한 듯 어색하게 조립한 라디오에서는 아름다운 음악이 울려 퍼진다. 미술 시간에 종이로 만든 신발에는 찬란한 미래가 또박또박 걸어 다닌다.

모방 시에는 아이들의 시험과 성적에 대한 부담감이 팽팽하게 묻어난다. 하지만 엄마의 잔소리는 바른길 가는 약이란 걸 고백하기도 한다. 민화 부채에는 선조의 서정이 담겨 있고, 영재반의 발명품에는 번득이는 재치와 고단한 삶을 곧게 펴는 지혜도 돋보인다. 전시장을 휘감아 도는 선후배 사이의 '우와'라는 감탄사는 그간의 노고에 시원한 바람이 된다.

옆쪽에는 학습 도움반 아이가 '친구를 사귀고 싶어요'라는 글자를 장승의 가슴에 삐뚤삐뚤하게 새겨두었다. 그것이 허허로운 칼바람이 되어 축제 마당을 휑하니 가로지른다.

아이들의 마음은 전시회보다 축제 마당에 달려가 있다. 수업 시간에 꽁꽁 붙들어 매두었던 끼를 발산하는 아이들은 벌써 빨갛게 익었다.
방과후수업에 기타를 배우는 아이들의 발표도 놀랍다. 그냥 멋으로만 메고 다니는 줄 알았던 기타에서 풍겨 나오는 열정이 가마솥처럼 뜨겁다. 미끄러지듯 부여잡는 마이크에서도 노래 솜씨는 빛을 발한다. 여장한 남학생의 얇은 스타킹의 숨긴 다리에서는 웃음이 숭숭 삐져나온다. 뾰족한 구두에

억지로 구겨 넣은 건들건들한 발걸음도 자못 위태위태하다. 장기 자랑을 보면서 아이들 속에 꿈틀거리는 열정과 재능, 그리고 번득이는 끼를 확인한다.

교실 밖으로 뛰쳐나온 아이들은 오랜만에 물 만난 고기처럼 싱싱하다. 학급별로 경제 체험을 하는 부스에서 각자의 역할을 척척 소화해 낸다. 사진관을 열고 호객 행위를 하는 아이들, 축구 교실을 열어 골대 앞에 줄 선 아이들, 투호 놀이 옆에 솜사탕 장수로 변신한 아이들의 손놀림은 달콤한 분홍빛이다. 칸막이에 숨긴 얼굴을 향해 터지는 물풍선은 괴성마저 시원하게 해 준다.

해마다 가을걷이의 축제가 필요한 이유를 현장의 뜨거움에서 비로소 확인한다. 여름 내내 찜통더위를 견딘 곡식이나 아이들 모두 이 결실의 풍성함을 안다. 그런 까닭에 뙤약볕과 거센 소나기도 거뜬히 이겨낼 수 있다.

재능기부, 첫발을 내딛다

"2학기 인성 교육 주간에는 새로운 주제로 해 볼까 합니다."
"아이들을 자세히 보니까 재능도 많은데, 늘 받는 데 익숙해져 있어요. 작은 것부터 나눔을 실천하면 어른이 되어서도 자연스럽게 재능기부를 실천할 힘을 기를 것 같습니다."

3학년들이 먼저 재능 기부서를 만들어 교실에 붙였다. 긴 설명 대신 3학년 교실의 재능기부 광고문을 구경하러 보냈더니, 1학년들이 쪼르르 달려가 선배들의 작품에 올망졸망 매달려서 한참을 들여다본다.
"아~, 기부는 꼭 많은 돈을 내는 것이 아니라, 아주 작은 것도 되는 거네요."
"저는 그림을 잘 그리는데, 캐릭터 그려줘도 돼요?"
"저는 친구의 말을 진심으로 경청해 줄게요."

아직도 자신의 재능이 무엇인지 찾지 못해 망설이고 있는 아이에게
"너는 수학 공부를 잘하니까 수학 문제를 같이 풀면 되잖아?"
"너는 농구 잘하니까 그거 가르쳐 주면 되지."
"너는 정리를 잘하니까 사물함 정리해 주면 되겠네."

아이들은 자기의 재능뿐 아니라, 서로 재능을 찾아주면서 자기의 재능기부 광고지를 완성하였다. 2학년들은 설명을 듣고 금세 자신의 재능을 찾아서 광고문을 만들고, 사용 설명서와 유통기한까지 적는다. 광고문 관련하여 배운 것을 잘 활용하고 있다.

"우리 반은 어떻게 꾸미지?",
"자기 손바닥을 그리고, 거기에 이름을 적으면 어떨까요?"

아이들의 재능 기부서를 모아서 학급별로 특징을 살려 전지 두 장에 아이들의 재능을 붙였다.

"1-2 재능 상점"
"3반의 재능 Run"
"1-4 재능 유치"
"5반 재능기부소"
"2반 사용설명서, 우아한 2반"
"Supper 3 Class Brothers"
등등 학급의 특징이 연잎 위의 물방울처럼 재치 있게 통통 튄다.

자세히 들여다보면 기부도 참 다양하다.
"중국어, 가르쳐 드립니다."
"농구 함께 하실래요?"
"진심으로 상담해 드립니다."
"급식 줄 양보해 드립니다."
"수학 문제 2개 같이 풀어줍니다."
"혼자 웃기 민망할 때 같이 웃어드립니다."
"닮은꼴, 찾아드립니다."
"예쁜 캐릭터 그려줍니다."

등등 읽고 있으면 기발한 생각에 웃고, 아~~ 이것도 고민이구나 싶어 아이들의 마음이 이해되고, 아이들에게 진심 어린 상담이 필요하구나 싶은 마음이 든다. 별별 것이 다 귀찮은 나이지만 이런저런 재능 나눔을 실천할 아이들과 일일이 지도하신 선생님들의 정성이 참 고맙다.

드디어 일주일이 지난 아침 8시 50분, 홈베이스가 쿵쾅거린다. 이 정도면 지진 강도 5에 육박할 수준이다.

"야호, 비타민 C 쿠폰 뗐다."
"아싸~~~, 벌점 2점 상쇄, 학주쌤 거, 횡재했다."

아이들 재능기부 사이사이에 보물쪽지처럼 숨어 있는 선생님들의 재능기부가 단연 인기이다.
아이들이 쿠폰을 떼자, 그 밑에 예쁜 그림이나 문구가 있어서 쿠폰을 뗀 후의 전체 그림은 또 다른 아름다움이다. 각반의 추억이 담긴 만화, 캐릭터, 아름다운 문구, 학급의 특징을 나타내는 문구까지 적어두었다. 이런 깊은 배려까지 기획한 선생님들의 기발함은 놀랍다.

중국어를 배우고, 급식 줄을 양보하고, 수학 문제를 가르쳐주는 아이들의 재능기부는 따스함이고 아름다움이었다.
나도 마지막 잎새처럼 남아 있는 쿠폰 한 장 - 높은 곳의 물건을 내려줍니다 - 을 뗐다. 내 재능기부 쿠폰을 들고 오는 아이도 있었다. 네잎클로버가 있는 엽서에 편지를 써주는 것이었다. 용기를 주는 편지에 행복을 소복하게 담았다.

3행시에 담은 따스한 마음

죽는 날까지 하늘을 우러러
한 점 부끄럼이 없기를
잎새에 이는 바람에도
나는 괴로워했다

낮은 톤으로 서시를 또박또박 낭송하는 학생을 유난히 흐뭇한 표정으로 지켜보는 분이 계신다. 다름 아닌 학생의 할아버지였다. 그분은 일찌감치 오셔서 손주의 시 낭송을 흐뭇하게 지켜보시는데, 얼굴에 사랑이 꿀처럼 뚝뚝 떨어진다. 발표를 마치고 할아버지 옆에 와서 손을 잡고 나머지 행사에 참여하는 조손의 모습은 정겨운 흑백사진이다.

아이들의 마음에 따스함을 심어주기 위한 이 행사는 '하늘과 바람과 노래와 시'를 주제로 시작된 작은 축제이다. 학기 말 꿈·끼 탐색 주간에 국어와 영어 교과를 통합하였다. 동시에 학부모 사업과 연계하여 시 문학제와 영어 팝송대회를 함께 진행했다.

학생과 학부모의 시 낭송이 끝나고 3행시 백일장이 있었다. '공감해', '존중해', '소통해', '인정해'의 인성 덕목을 제목으로 아이들은 포스트잇에 3행시를 적었다. 3행시에는 아이들의 삶과 마음, 사랑과 우정과 감사가 차곡차곡 담겼다.

"존(중하고 서로를) 중(요하게 생각하면) 해(처럼 빛나는 사람이 될 수 있어요.)"
"소(중한 나의 친구는) 통(하는 것이 많고) 해(같이 따뜻한 사람이다.)"
"공(부가 너무 힘들고 집중이 안 될 때 우리 곁에 계시는) 감(사한 분들께 찾아가서 속마음을 털어보자.) 해(박한 지식으로 우리의 고민을 공감해 주고 해결해 줄 거야.)"
"공(부하는 친구들끼리) 감(정을 이해하는 것이) 해(맑은 친구 사이를 이어주는 방법!)"

학부모님들도 자연스럽게 3행시에 동참했는데 자녀에 대한 끈끈한 사랑과 격려가 온돌처럼 따스하다.

"공(주야) 감(수성이 풍부한 사춘기) 해(맑게 이겨내 보자.)"
"인(생을 살다 보면), 정(체성이 때로 흔들리더라도), 해(야 한다는 사명감으로 살아가자.)"
"공(부는 못 해도 괜찮아. 엄마는), 감(사해. 건강하게 자라줘서), 해(처럼 밝게 빛나는 어른으로 자라줘. 사랑해.)"

강당에 학반별로 붙여진 대형 전지에 작품을 붙이면, 학년별로 교차하여 아이들의 순발력 있는 작품을 선별하였다. 우수작을 발표하는데 아이들의 긴장과 기대로 강당이 두근거린다.
이름이 불릴 때마다 지르는 환호, 상품을 받은 아이들의 경쾌한 발소리, 상품을 나눠주는 선생님들의 미소가 환하다. 이 모든 게 행사를 준비한 수고로움의 땀을 말끔히 씻어준다. 짧은 시에도 아이들의 따스한 마음이 배어나고, 행사를 준비한 선생님에 대한 감사도 묻어난다.

2부의 영어 팝송대회. 영어 합창 우수반이 발표할 순서이다. 지체장애 학생이 무대를 올라가기 전에 휠체어에서 기다리고 있었다.
"저 무대에 어떻게 올라가지?"
"체육 선생님이 저를 번쩍 안아서 들어 올려주실 거고, 휠체어는 친구들이 올려줄 거예요."
아이의 표정엔 선생님에 대한 신뢰와 친구에 대한 믿음이 나팔꽃처럼 환하다. 아이의 말에 그간 쌓아온 믿음과 우정을 확인하게 된 것이 무엇보다 값진 보물이었다.

"무대에 서니까 기분이 어땠어?"
"처음 무대에 선 것이 두려웠지만, 정말 좋은 경험이었어요."

한창 바쁜 학기 말에 학생들의 꿈과 끼를 키우기 위해 선생님들이 기꺼이 수고의 땀을 흘렸다. 평소 무심한 아이들도 선생님들의 수고를 아는 것 같다. 선생님의 수고가 아이들의 마음에 말갛게 비친다.

공(들여 오늘을 준비해 주셔서) 감(사합니다) 해(피하게 즐길게요.)

다 같이 돌자, 운동장 한 바퀴

코로나 마스크 때문에 숨 막히는 것보다, 코로나가 옥죄어 오는 은밀하고 불길한 두려움 때문에 옴짝달싹 못 하는 일에 더 숨 막혔다. 사상 초유의 원격수업, 비대면 활동으로 인한 관계의 부재, 계속되는 긴장으로 터질 듯한 마음의 블루 상태가 이어졌다. 모두가 힘든 상황에서 학생들의 건강을 지키면서도 교육활동을 활성화하기 위해 수십 번 머리를 맞대고 방법을 찾았다. 하지만 쉽지 않았다.

대면 시간을 최소화하기 위해 쉬는 시간을 줄이고, 발열 체크를 꼼꼼히 하고, 화장실도 한 명씩 다녀오고, 이동수업이나 체육 시간에 장소를 옮길 때도 줄 서야 하고, 쉬는 시간도 없이 수업이 이어졌다. 아이들은 수다 떨 시간도 없었고, 우정을 쌓을 여유는 더더욱 없었다. 하교할 때도 담임 선생님들이 교문까지 바래다주기까지 했다.

"점심시간의 질서 지도는 학생회에서 할 수 있을 것 같아요."
"어떻게?"
"반장은 자기 학급을 인솔하고, 부반장은 후배 학급을 인솔하면 선후배 간에 우정도 쌓을 수 있어요."
"우리가 도와줄 방법은 없을까?"
"우리가 민주시민교육 실천 학교니까, 어깨띠를 준비해 주시면 학생회에서 할게요."

학년별로 경로를 정하고, 진행하면서 생기는 문제점은 보완하기로 하고 일단 시작하였다. 점심시간 종이 울리면, 각 반장은 학반별 시간에 따라 복도에 줄을 세우고 학급의 맨 앞에 서서 급식실로 간다. 3학년 부반장은 2학년으로, 2학년 부반장은 1학년 교실에 가서 후배들을 복도에 줄을 세우고 인솔했다.

선생님이 인솔할 때는 학생들이 칭얼거리기도 하고, 말도 많았다. 막상 선배가 앞에서 인솔하니까 질서도 잘 지키고, 공손하게 묻기도 했다. 선배는 선배대로 후배들을 인솔하며 자부심도 생기는 것 같다.

"선생님, 교실에 가만히 앉아 있는 것보다 햇살 받으며 운동장 도는 것이 훨씬 좋아요."
"친구들과 함께 걷는 것만으로 마음이 편하고 힘이 돼요."
점심을 먹고 운동장을 돌 때는 마스크 속에 가두었던 숱한 말을 마스크 속에서나마 자유롭게 펼쳐놓았다.

학교는 공부만 하는 곳이 아니다. 친구와 이야기하고 선생님과 마음을 터놓으며 사회생활을 배우는, 배움터 이상의 공간이다. 아이들 입에서 학교 오고 싶다는 말이 저절로 나오게 된 학기 초, 학교의 존재 의미를 새롭게 느낀다.

운동장을 돌고 교실에 들어서면 요일별 프로그램에 따라 뮤직비디오, 영화 리뷰, 교육 다큐멘터리 등의 15분짜리 영상을 보았다. 학생들이 최대한 말을 하지 않고 사회적 거리 두기를 실천할 수 있도록 애썼다. 원격수업과 학생 출결 체크로 선생님들의 피로도가 높았는데, 학생회에서 자율적으로 이 일을 해 주니 민주시민교육 실천의 좋은 기회가 되었고, 실속 있는 자치활동 시간이 되었다.

학생회의 지도에 동료들과 후배들이 잘 협조하여 학생회 활동이 뿌리를 내리고 정착되었다. 이것이 코로나19 위기 속에서도 가장 뿌듯하고 대견한 일이었다.

2

동료, 봄 햇살 그대로

그리움만 끝까지 살아남아

"교감 선생님, 귤 드세요."
"싫네. 노란색은 보기도 싫네. 그대들이나 먹게."
2009년 9월, 축하 난이 떼 지어 몰려오던 날부터 교감 선생님의 인간관계에 탄복했다. 그러기를 딱 한 달, '추석 뒷날 모이자'라는 한 마디를 남기고 영 소식이 없기를 딱 두 달, 주인은 없어도 예약된 떡은 교무실로 계속 배달되었다.

"원 선생은 모른대이. 낯선 곳에서 겪는 이방인의 생활을……."

베란다에 쪼그리고 앉아 숱한 밤을 눈물로 손 빨래를 했다. 시댁 식구 열 명과 함께 사는 시간은 말로 풀 길 없는 인고의 젊은 시간이었다. 엄마를 기다리는 첫째를 들쳐업고 퇴근하는 손에는 저녁거리 주렁주렁 매달았다. 아, 그 길은 툭 터질 것 같은 울음을 엉성하게 붙들어 맨 고갯길이었을 것이다.
아픈 시간은 쉬 잊히지 않고 주름진 세월로 남는 법이다. 시어머니의 병수발을 한다고 했건만, 먼저 보내야 하는 아픔을 달랠 길이 없었다. 그런데 난데없이 찾아온 황달은 본인뿐 아니라, 옆에서 지켜보는 우리에게도 묵직한 아픔이었다.

어렸을 적, '우리 집에 사탕 많다.'라고 자랑하던 버릇이 있지 않은가? '우리 학교에도 언제든지 여쭐 어른이 계신다.'라고 어깨에 힘을 주려는 순간, 교감 선생님은 병원에 꼭꼭 숨어 버렸다. 1인실에서도 잠 한숨 못 자고, 식사가 지독한 고문이 되는 병원의 시간.
가장 사랑하는 엄마를 위해 할 수 있는 게 아무것도 없는 의사인 아들의 마음은 실밥처럼 터지지 않았을까? 아내의 황달 수치를 조금이라도 낮출

수 없는 남편의 무기력한 마음은 타다 못해 하얀 재가 되지 않았을까? 얼굴과 눈동자, 목덜미, 하다못해 외롭게 선 손금까지 치자색으로 물들여 놓은 것을 본 지인들의 마음도 덩달아 시렸을 게다.

강릉에 홀로 두고 온 어머니 이야기에는 절로 이슬이 맺힌다. 시어른 봉양에 친정 길은 언제나 뒷전이었다. 빗방울처럼 제법 굵어진 슬픔을 달래러 떠난 아버지 제삿날, 남매들의 도란도란 이야기꽃을 못다 피우고 먼저 나서야 했다. 그때는 엄마 젖무덤 옆에 그리운 마음 고스란히 벗어두고, 휑이 휑이 빈 몸만 차에 실었으리라.

"여기 봐래이, 목덜미가 아직도 노랗대이."
앨범 사진에 드러난 목선엔 상흔처럼 노란색이 희미하다. 아무도 눈치채지 못하지만 정작 본인은 아물지 않은 상처임에 틀림없다. 교감 쌤은 옷이 파져서(겨우 시원해 보일 것 같은데) 일을 못 하시겠단다. 집에 가려는 걸 억지로 말려, 커다란 옷핀으로 바짝 당겨 꽂고서야 편안하게 일하셨다. 매사에 화통하지만, 옷 입는 것은 지나치게 보수적이다.

학교평가에 이런 대목이 있었다. '교감 선생님의 리더십은 강한 추진력과 철저한 업무처리, 개인적으로 대해주는 섬세한 관심이 돋보인다.' 강한 추진력 때문에 바쁜 일거리가 1,000자 원고지처럼 빽빽한 것도 사실이고, 철저한 업무처리 때문에 결재 맡는 손길이 남몰래 떨린 경험도 한두 번씩은 있었을 게다.

출장을 다녀오면 빈손으로 오는 법이 없다. 엄마가 5일장 다녀오면 그 보따리에 뭐가 담겼을까 고개 내밀듯, 교감 선생님이 출장 다녀오시면 얼굴보다 손을 먼저 보는 못된 버릇 하나 생겼다.

어억, 너무 아파요

"어억, 서언새앵니임~, 너무 아파요."
생기발랄하던 선생님이 허리를 제대로 펴지도 못하고, 개미만 한 소리로 힘겹게 말했다. 도저히 가눌 수 없는 몸에 비해, 해야 할 책임감은 너무 무거워 보인다. 갓난아이 키우랴, 학교 일하랴? 몸도 버거웠을 것이다. 수고하고 무거운 몸을 보건실에 눕혔다가 6교시 수업이 걱정되어 온 거다. 함께 서 있는 보건 선생님의 얼굴에도 걱정이 덕지덕지 엉겼다.

"5교시에 네 번이나 토했어요. 기운이 없는데 수업을 걱정하네요."
"다른 선생님께 부탁해 볼게요. 사람을 살려야지, 원."
3학년실에 인터폰을 돌렸다.
"부장님, 박 선생님이 너무 아픈데 6교시 수업은 어떡하지요?"
"아, 마침 6교시 수업이 없으니까 제가 책임지지요."
목소리도 시원시원하게 부장님이 흔쾌히 6교시를 책임져 주시기로 했다. 아마 기술·가정 교과를 사회적으로 멋지게 가르쳤을 게다.

짐 하나를 내려놓고 보건실에 누우면서도 박 선생님은 미안함을 드러냈다.
"죄송해요. 저 때문에……."
"우리는 한 가족이에요. 여동생이 아프면 오빠가 대신하는 거지요. 염려하지 말고 푹 쉬세요."

그 와중에 업무 보고를 하며 분주하게 다니는 보건 선생님. 훤칠한 키만큼이나 배려심 많고, 고향집 아랫목처럼 따끈따끈한 마음을 가졌다.
"휴식을 취한 후, 제가 챙길 터이니 부장님은 가서 일 보세요."
보건실 문을 닫는데, 마음속엔 오랫동안 잠가 두었던 감동이 삐죽이 뒤따라온다.

'참, 귀하고 고마운 사람이다. 어쩌면 우리 학교에 저런 분이 계실까? 학교의 구석구석에 숨어 있는 복덩어리 중에 한 분이다. 갈 때마다 번번이 아픈 이들을 걱정해 주고, 하던 일 멈추고 따뜻한 물 한 잔이라도 대접하는 부지런하고 싹싹한 섬김이 늘 고맙다.'

한 번쯤 아파 본 경험이 있다면, 누구나 보건 선생님의 따뜻한 마음 몇 자락 스친 기억이 있을 것이다. 학기 초에 보건실에 갈 기회가 있었는데, 그때마다 따뜻한 꿀차, 본인이 먹는 영양제 한 알이라도 챙겨주는 따스함이 서랍장에 고마움으로 차곡차곡 개켜져 있다.

겨우 몸을 추스른 박 선생님을 병원까지 데려가야겠다며, 차를 몰고 야무지게 매듭까지 짓는다. 그의 뒷모습에서 내면의 아름다움이 고스란히 담긴 장면 하나를 만났다.

점심 시간과 수업 시간마다 밀려오는 아이들의 아픈 몸과 마음까지 다독여 주고, 때로는 아픔을 핑계 대고 오는 아이들을 보듬으며, 아침을 거르고 오는 아이들에게 엄마의 자상함까지 드러낸다. 신종 인플루엔자의 확산으로 온 학교가 몸살을 할 때 최전선에서 선두 지휘할 때도 환한 웃음으로 분주함을 대신했다.

아프다고 오는 아이들한테 그가 꼭 하는 말이 있다.
"손을 깨끗이 씻어라. 손만 깨끗이 씻어도 병 안 걸린다. 알았지?"

자라 보고 놀란 가슴, 솥뚜껑 보고 놀란다

<사건1>
학생: (헥헥헥) 학생부장님임.
학생부장: (일하던 손을 멈추고 벌떡 일어서며) 뭔 일이야?
학생: (여전히 가쁜 숨을 몰아쉬며) 저기요. 애들이요.
학생부장: 무슨 일이야? 말을 해.
학생: 애들이요, 저보고 밥 많이 먹는다고 자꾸 놀려요.
학생부장: ???

학생부장님은 점심시간이 시작되자마자 쿵쿵쿵 소리를 내며 달려온 학생의 말에 그제야 놀란 가슴을 쓸어내린다.

<사건2>
경찰분이 일반인을 데리고 교무실에 들어선다. 더운 날씨에도 경찰복만 보면 교무실 분위기가 일순간 싸늘해진다.

경찰: CCTV를 보여줄 수 있나요?
학생부장: 무슨 일입니까?
경찰: 12시에서 12시 50분 사이에 학교에서 왔다며 담배를 이십만 원어치를 공짜로 가져갔답니다.
학생부장: (놀라며) 적극적으로 돕겠습니다만, 본교에는 그런 사람이 없습니다.
CCTV의 화면을 확인하기 위해 점심시간 중반을 넘겼다.

수업하랴, 학생 조사하랴, 100m 달리기를 전력 질주하듯 한다. 5월 6일까지 학교폭력자치위원회를 5회 열었다. 한 번의 회의를 위해 학생 조사, 전화 상담, 소소한 협의가 수차례 이루어졌을 것이다. 익히 아는 바와 같이 회의를 열기 전에 준비하고, 열고 나서 마무리까지 합치면 올해는 내내 학교폭력위원회 회의에 시달렸다고 할 수 있다. 그 열기 때문에 여름이 이리 급하게 왔는가?

<사건3>
5월 7일 오후 5시가 넘어 한 아이가 가방을 삐딱하게 메고 어슬렁어슬렁 교무실에 들어선다.

학생부장: 무슨 일이냐?
학생: 우리 담임 선생님, 어디 갔어요?
학생부장: 퇴근하셨지? 넌 왜 아직도 안 갔어?
학생: 이제 오는 길인데요.
학생부장: 뭐 하다가?
학생: 집에서 걸어오다가 힘들어서 쉬고 쉬고 하면서 오다 보니 지금 왔는데요.
학생부장: 그래? 그러면 지금 다시 집에 도착하려면 12시 넘겠다. 얼른 집에 가거라.

학생을 돌려보내고 운동부 지도자 등록을 한다고 컴퓨터와 씨름 중이다. 그 모습을 보면 '힘들겠다'라는 말로는 덮을 수 없는 힘듦과 어려움이 느껴진다. 하지만 험하고 바쁜 와중에서도 툭 건드리면 유머가 '피융'하고 나온다. 그래서 옆에 오래 있으면 배꼽 빠질까 배를 꾹 움켜잡고 있어야 한다. 유머도 상대방을 유쾌하게 하는 격조 높은 유머를 한다.

밥 먹을 때는 또 어떤가? 옆자리에 앉은 선생님들은 학생부장이 상대의 순가락 가는 반찬의 위치를 살짝이 옮겨주는 것을 경험하게 된다. 그 섬세한 배려라니. 한번은 영덕 대게를 먹으러 간 적이 있었다. 그때 학생부장님 주위에 앉은 사람은 우아하게 속살만 맛있게 먹었다고 한다. 학생부장님은 내내 껍질과 씨름을 하면서 어서 드시라는 말을 거듭했다고 하니, 앞으로 밥 먹을 때 서로 옆에 앉으려고 경쟁할까 내심 걱정이 된다.

우리 교육 가족 중에서 힘들지 않은 분이 어디 있으랴. 학생부장님은 우리가 보기에도 모두가 꺼리고 힘든 일을 선봉에 서서 한다. 이름만 들어도 아이들은 그 카리스마에 일단 기가 팍 죽지만, 알고 보면 더할 수 없이 부드럽고 따뜻한 분이시다. 외모로나 동료 간의 예절로나 수준 높은 법도를 갖추고 있다.

그런데 갈수록 궁금한 게 있다. 담임 선생님과 교과 선생님들은 도저히 풀지 못하고, 숨겨두는 악당(?)의 비밀을 어떻게 저리도 술술 잘 풀어낼까? 혹시 옛날에 다~ 해 본 수법은 아닐까? 그러지 않고서야 어찌 악동들을 소금에 절인 배추처럼 일순간에 기를 꺾을 수가 있단 말인가?

꿈실에 셋방 하나 얻고 싶다

늦은 시간 교문을 나서는데 동편 3층에 외로운 불 하나 켜져 있다. 교육복지투자 우선지역의 해당 아이들에게 3억의 돈을 쓰기 위해, 코스모스만치 연약한 허리 더 잘록해지겠다.

시골 여행길에서 들판의 풀 향기가 세포 하나까지 두드리는 것을 느낀 적이 있는가? 봄꽃의 나지막한 향기처럼, 논두렁에 핀 돌나물의 연둣빛 향내처럼 잔잔하게 가슴을 두드리는 소리를 들은 적이 있는가? 땅바닥에 쪼그리고 앉아 있는 제비꽃의 보랏빛 내음을 맡아본 적이 있는가? 숱하게 스쳐지나가는 사람 중에 돌아보고 싶은 사람이 있는가? 행복이 담긴 편지의 따끈따끈한 감동을 가슴에 오래 담아둔 적이 있는가? 조팝 꽃잎 하나씩 모여 이룬 향기를 만난 적이 있는가? 낮고 낮은 자리를 비집고 들어앉아 감동을 만들고, 학교 1년 예산 정도의 돈을 요리조리 쓰기 위해 별의별 행사 기획하는 사람을 기억하는가?

학기 초가 되면 담임 선생님을 일제히 분주하게 만드는 주범(?)이 바로 복지사 선생님이다. 모든 담임이 집집마다 전화를 걸어 자잘하고 궂은일도 기꺼이 할 때, 그 뒤 으슥한 뒷마당에서 복지사 선생님은 숱한 사연을 헤아려 조용한 도움의 손길을 내민다.

작년에 처음 이 일을 시작할 때 박 선생님과 함께 참 많이 애를 먹었다. '개척'이란 단어의 무게도 무게지만 눈물의 밤을 지새우는 고민, 그보다 훨씬 무거운 수고의 밤을 보내야 했다. 그의 눈물과 노고와 고민을 가끔 내뱉는 그의 깊은 한숨에서 읽을 수 있었다. 올해는 이 선생님과 호흡을 맞추고 있다. 하지만 한 해가 지났다고 작년보다 녹록하지는 않다. 일이 워낙 방대하고, 산더미 같은 돈이 온통 일거리임을 아는 까닭이다. 그래서 '복지사'로 삼행시를 지어 보았다.

복지사 선생님과
지구의 한켠 땅, 아양중에 함께 일한다는 것이
사실, 복입니다.

인상이 깡통처럼 찌그러진 것을 본 적이 있는가?
없는디요.
'NO'라고 단호하게 외면하고 돌아가는 것을 본 적이 있는가?
정말루 없는디요.
폴짝폴짝, 쪼르르쪼르르 달려가는 뒷모습에서 풋풋하게 영그는 꿈을 본 적이 있는가?
그건 자주 봤지라.
부탁할 때 입맛 돋우는 표정으로 말하는 것을 본 적이 있는가?
늘상 그랬지라.
복지사 선생님이 서 선생님인 것은 맞는가?
그걸 모르는 사람이 워디 있당가요?
작년부터 숱한 사람들과 일을 함께 하면서 혼자서 눈물 흘리는 것을 본 적이 있는가?
글쎄라, 그건 잘 모르겠당게. 큰 눈에 눈물이 글썽하면 한참은 주르르 흘렀겠는디요. 그만한 예산을 쓰려면 숱한 사람과 만났겠지라. 그런 일을 하기 위해 월매나 속을 썩었겠어라. 온갖 행사 다 해간서 움시 있았다는 게 말이나 될랑가? 생각해 보소. 우리도 작은 일 하나 하려면 이리저리 부딪치는 사람들 간의 말에 가시처럼 찔리지 않던가? 안 그려? 종이 하나 잘못 스쳐도 손가락에 피가 스윽 비치는 법인데. 그 숱한 일 뒤에 눈물 자국 깨끗이 닦고 비 온 뒤 햇살처럼 늘상 웃는 것 보면 그게 놀라운 일이지라. 안 그려?

쉿, 이건 국가 기밀이야

(억양이 약간 다른 것을 눈치채고) "선생님, 어디서 왔어요?"
(안동이라는 말이 떠오르지 않아 손으로 가리키며) "저 위에"
아이들은 순간적으로 '저 위는 북한이겠지.'라고 생각했다.
수업을 마치고 궁금증이 많은 아이가 선생님께 쪼르르 달려와서 대뜸 물었다.
"선생님, 고향이 북한이세요?"
(표정 없는 목소리로) "쉿!, 이건 국가 기밀이야. 함부로 말하면 안기부로 붙들려 간다. 소문내지 마!"
아이가 쿵쾅거리는 가슴을 억누르며 담임 선생님께 달려가서
(나지막한 소리로) "역사 선생님이 북한에서 내려왔어요?"
(담임이 기가 막힌 표정을 지으며) "그래, 맞다."

이후로 입소문을 타고 역사 선생님이 탈북자라는 소문이 순식간에 퍼졌다. 억양이 대구와 다르고, 깡마른 체구로 보아 탈북자임에 틀림없고, 본인과 담임 선생님까지 그렇게 말했다는 확실한 근거가 쌓이면서 소문은 조용하지만 신속하게 3학년을 강타하였다.

그 아이들이 졸업하고 또다시 3학년을 맞이하였다. 6월경 탈북자를 초청하여 강연을 듣게 되었다. 강연을 듣던 중 아이가 역사 선생님께 질문을 했다.
"선생님, 저분이 하는 말이 진짜예요? 선생님이 내려오실 때도 그랬나요?"
"야, 임마. 나는 김일성 시절에 내려와서 김정일 시절 이야기는 잘 몰라."
아이들은 표정 없이 웃지도 않고 하는 말에 그대로 꼴깍 넘어갔다.
"아, 우리 선생님은 소문대로 탈북자구나!"

정작 본인은 웃는 법이 없이 남의 배꼽만 달아나게 하는 묘한 재주가 있다. 수업 공개할 때 교장·교감 선생님이 수업 장학은 못 하시고 수업 내내 웃다가 나오셨다는 후문이 있을 정도다. 아이들은 역사 시간을 손꼽아 기다린다. 공부만 쉽게 가르쳐 주는 게 아니라 아이들과 농담을 탁구공 주고받듯이 한다.

신세대의 감각에 맞추어 이야기하니까 졸음도 사라지고 가장 재미있는 수업이다. 진지하게 역사 이야기를 이어가는 중에 터지는 웃음꽃, 고등학생이 되어서도 중3 때 배운 역사 실력은 여전히 살아있단다. 졸업생들이 찾아와서 작년에 노트 정리한 것을 달라고 하거나, 어떤 학생은 작년 노트를 보고 공부한다고 할 정도다. 싱싱하게 살아있는 유머와 탁월한 실력가로 알려져 있다.

매일 밤늦게 퇴근하는 아내에게 남편이 물었단다.
"당신. 교무부장이야?"
"아니."
"그러면 교감이야?"
"아니."
"그러면 왜 매일 늦게 와?"
"내가 없으면 학교가 안 돌아가."
어느 상황에서나 웃음이 3월의 벚꽃 터지듯 쏟아진다.

2월에 시작한 감기가 5월이 되었는데도 콧물을 하도 닦아서 앵두 코가 되었다. 3학년 부장이 되어 수시로 고등학교와 연락하랴, 졸업식 준비하랴, 앨범 확인하랴, 겨울방학 내내 학교를 지켰다. 3학년 부장이 없었으면 학교를 누가 번쩍 들고 갈지도 모른다.

그리고 종업식을 하면서 '다시는 담임을 하지 않으리라.' 하고 담임 관련

파일을 말끔히 정리했다. 아뿔싸! 이를 어쩌나? 창체부장에 1학년 담임. 전교생의 창의적 체험활동 연간 계획을 세운다고 며칠을 끙끙 앓았다. 옆자리에까지 신음 소리가 들려 마음이 아렸다.

가녀린 몸에 책임감의 무채색 옷을 입고 다닌다. 그러면서 학생들 집집마다 전화를 한 결과 기초생활대상자가 50%인 것을 확인했다.
때로는 할머니와 사는 손주, 아빠 없이 사는 형제들의 상황을 1주일 내내 샅샅이 파악했다. 그 와중에 졸업생 상담까지 한다. 지친 뒷모습에서 책임감의 옷을 벗기고, 자유롭게 나풀거리는 봄옷을 입혀주고 싶다.

마음속에는 별들이 하나

"여러분, 새벽에 추우니까 파카 준비하고, 비상약도 챙기고, 우산도 챙겨 오세요. 가장 중요한 것은 안전입니다. 안전하게 행동할 수 있습니까?"
"네~ㅂ."
4층 다목적실이 쩌렁쩌렁하다. 1박 2일의 야영을 앞두고 1학년들의 마음은 이미 낙동강 수련원에서 첨벙거린다. 담임들은 안전교육을 잘 받도록 눈을 째려보지만, 아이들은 따가운 눈 째려봄에도 끄덕하지 않고 재잘거린다.

10월 13일 7시 10분, 2학년들이 벌써 버스에 올라탔다. 흩어진 아이들을 확인하느라 2학년 담임들도 분주하다.
"지문 인식기에 손도장 찍었나요?"
"아참~~."

후두둑 뛰어가는 뒷모습에 아침이 화들짝 놀란다. 2학년들도 마음은 붕~~ 떠 있기는 매한가지다. 현장 체험에 발 깁스한 친구, 팔 깁스한 친구들도 함께 간다. 영어 선생님이 안전 교육할 때 원어민 선생님 이야기를 한다. 원어민 선생님이 수많은 질문을 해도 다 대답할 수 있는데, "한국 아이들은 팔·다리 깁스한 친구들이 너무 많아요. 왜 그래요?"라는 말에는 영어 실력이 모자라서가 아니라 변명이 궁색했다고 한다.

10월 13일 8시, 덕유산과 전주에 가는 3학년의 표정이 청잣빛 하늘처럼 맑다. 기차로 부산 가는 친구들도 설레기는 마찬가지다. 하나라도 더 보여주려고 먼 길 부산까지 가느라 출발할 적엔 손 인사도 제대로 나누지 못했다. 기차로 많은 아이들을 인솔하려면 신경을 바짝 써야 할 텐데~~~. 아이들이 즐거운 함성을 지를 때마다 책임지는 선생님의 어깨는 더 묵직하겠지.

낙동강 수련원에 도착하자마자 보건실에 달려간 선생님.
"아이가 아프다고 하네요. 아무래도 집에 가야 할 것 같아요."
"부모님께 연락했더니, 거제도에 계시고, 이모는 운전을 못 하고…."
정보부장님과 눈이 딱 마주치니 빙긋이 웃는다.
"제가 칠곡에 학생을 태워주고 오겠으니, 입소식을 하세요."
119 사이렌 소리도 내지 않고, 곧바로 칠곡으로 되돌아갔다.
"선생님, 저 다시 수련원에 가면 안 되나요?"
"허걱, 집에서 건강을 잘 챙기도록 해."
아프면서 눈물이 글썽글썽한 아이를 집에 태워주고 또다시 씽~ 돌아온 정보부장님. 1학년 부장님이 인솔자 1번으로 꼽은 이유를 알 것 같다.

오후엔 선택 프로그램이다. 산행, 자전거 타기, 수상 훈련, 동아리 활동이 있었고, 아이들은 희망에 따라 활동했다. 작년에는 야영 한밤중에 폭우가 와서 피난민처럼 짐 싸 들고 강당으로 옮겼다고 하는데, 올해는 작년에 덕을 많이 쌓아서인지 날씨도 좋았다.

산행을 떠나는 팀들은 미션을 잘 수행했고, 수상 팀은 아이들의 조끼를 입혀주느라 어깨가 뻐근했다고 한다.
"우리가 물에 빠지면 누가 건져주지?"
"그야, 체육 선생님이지요?"
아이들의 기대와 상관없이 아무도 물에 빠지지 않았다.

자전거를 타면서 낙동강 변 갈대, 하늘거리는 코스모스, 들판에 초록으로 줄지은 가을무 고랑 속으로 형형색색의 자전거가 가을을 내달렸다.

저녁엔 1학기부터 장기 자랑 연습을 한 아이들이 마음껏 끼 자랑을 했고, 저녁에는 교장쌤이 위문차 방문해 주셨다. 학교에서도 반갑지만 나와서 뵈니 더 반갑다. 장기 자랑을 마치고, 기차놀이도 정말 빡세게 했다. 아마 곯아 떨어지게 하려는 의도였겠지만 아이들은 전혀 잘 생각을 하지 않는다.

새벽 3시,
"선생님, 아파요."
한 학생이 자전거로 14km 달리면서 무리했는지 아프다고 해서 응급실에 다녀왔다. 그때에도 여전히 여러 선생님이 동행했고, 숙소에서는 불침범 당번이 4시에도 소곤소곤거리는 아이들과 쿵쿵 발소리를 내며 씨름을 했다.

"전주, 덕유산, 부산에 잘 다녀왔습니다."
"부산과 포항에서도 무사히 도착했습니다."
"이랜드에서 잘 지내고 모두 귀가시켰습니다."
"라온제나 밴드부 본선에 진출했답니다."
"교복우 사과 따기 체험, 장애우 봉사활동 마쳤습니다."
"교육감배 등반대회 1위, 3위 했습니다."
"누리단의 '한강의 기적을 찾아서' 잘 다녀왔습니다."
"제4회 동아리 축제 1번 부스 전시회 준비 완료했습니다."
'카톡카톡', '딩동딩동' 카톡에 전하는 소식이 분주하다.

우리들의 일상사

<소리 1탄> 유리창 깨지는 소리

"와장창창…. 쨍그랑"
"다친 데 없나? 얼른 돌아봐라. 옷에 유리 조각이 꽂혔는지 보자."
"빗자루 가져오너라."
"봐라봐라. 수업 시간에는 자고, 쉬는 시간에 힘이 펄펄 넘치누만."

쉬는 시간에 밀고 당기다가 컴퓨터실 유리창을 깨뜨렸다. 몇몇 선생님과 당사자 두 명이 유리창 깨진 뒷정리를 하였다. 주사님이 두꺼운 장갑을 끼고 나머지 유리창을 완전히 박살 내어 유리만 따로 분리수거하고, 부장님은 유리 조각을 청소기로 말끔히 정리했다. 남학생 둘은 청소 시늉을 하지만 쓰레받기는 여전히 비어있다.
다음날도 유리창은 또 깨졌다. 이 빠진 아이들의 치아처럼 '뻥', '뻥' 깨진 유리창 너머로 아이들의 소리가 생생하게 건너온다. 그나마 학생들이 다치지 않고 유리창만 깨져서 다행이고, 날씨가 그리 춥지 않아서 그것도 다행이긴 하다만……

<소리 2탄> 앵앵앵, 화재경보음

'애앵~~~~~앵'
월요일 6교시 종례 시간, 화재 경보음이 요란하게 울렸다. 대피해야 할지, 가만히 있어야 할지. 머릿속에 한동안 고민이 되어 서성거리는데, 놀라운 것은 처음에 당황하던 원어민 선생님도 이제는 묵묵히 자기 일에 빠져 있다는 것이었다. 벌써 한국의 상황에 적응한 것일까?

2층 중앙화재경보기 앞에서 물었다.
"이거 누가 눌렀나?"
"우리는 안 눌렀는데요. 누르면 여기가 쑤~욱 들어가야 하잖아요."
"장난치지 않은 것 확실하지?"
화요일도 비슷한 시간에 또 화재경보음이 울렸고, 수요일은 점심시간쯤에 울렸다. 업체에서 와서 확인했더니 3층 중앙의 화재경보기를 누군가 수동으로 작동했단다. 다행히 담임 선생님들께서 단단히 주의를 준 덕분에 목요일엔 아무 일이 없었다.

서문시장엔 진짜로 불이 나서 난리인데, 철없이 장난을 치다니. 미국에서 경보음이 울리면 무조건 건물에서 나와 대피를 해야 하는데, 한국인들이 앉아서 일을 한다는 게 원어민이 말한 차이점이다. 아마 이런 안전 불감증이 큰일을 빚어낸 건 아닐까? 하도 속은 일이 많아서 그렇겠지?

<소리 3탄> 우리한테 심부름 좀 시켜 주세요

"선생님, 우리한테 무슨 심부름을 시킬 일 없으세요?"
"우리 청소할게요. 그런데 4층 청소하면 안 될까요?"
"너희들 혹시 3학년 오빠 얼굴 보려고 하는 거지?"
쭈뼛거리는 게 수상쩍다.
"너희 각자가 한 사람을 좋아하는 거야, 따로 좋아하는 거야?"
"따로따로 좋아하는데요."
"그래, 빗자루와 쓰레받기 들고 청소하자."
경쾌한 목소리로 청소 용구를 들고 자신 있게 계단을 오른다. 점심시간이 끝나기 채 10분도 안 남았는데, 굳이 청소 용구를 들고서야 4층에 올라간다. 발소리보다 가슴이 더 쿵쾅거렸을 터인데, 그 모험을 자청한다.
청소하면서 숱한 학생 중에 좋아하는 오빠를 보기나 했을까? 귀여운 녀석들….

<소리 4탄> 딱 걸렸다

"○○가 구암중에 놀러 오라고 했지?"
"5분만 만나고, 다시는 놀러 오지 마라."
5분이 되자 머리카락을 은행잎처럼 노랗게 물들인 인근 학교 학생이 돌아가고, ○○는 목각인형처럼 아무 표정 없이 복지실로 들어와서 허공을 쳐다보고 있다. 졸업만 한다더니 고등학교 원서를 쓴다니 다행이다. 그러다가 어떤 계기가 생겨 고등학교도 무사히 졸업했으면 좋겠다.

"넌 누군데, 우리 학교에 과자를 이만큼 사 들고 오니?"
"친구에게 주려고 왔는데요."
"우리 학교는 수업 중이니 이름을 말하면 내가 대신 전할 테니, 그냥 집에 가거라."

이곳저곳 순회하시는 교장 선생님한테는 별별 학생이 다 걸린다. 담 타 넘어 군것질하는 학생, 몰래 나갔다가 들어오는 학생, 피자 배달하는 아저씨, 춥다면서 교실 창문 열어놓은 것, 수업 전에 마치는 것, 덜덜 떨면서도 파카 안 입은 바른생활부원, TV 모니터 안 끈 것 등등. 스~윽 한번 고개를 돌리면 1초당 10장의 스냅사진이 순식간에 차르르 소리를 내고 카메라에 찍히는 것처럼 별별 아이들이 다 찍혀 온다. 그러나 알아도 모른 척 넘어가고 이해해 주시는 것이 고맙다.

학생들 사이의 묵은 먼지

"우리 학급에 초등학교 때부터 지속적으로 괴롭힘을 당한 애가 있는데, 요즘도 집적대고 괴롭힌다는 신고가 들어왔어요."
"우선 담임이 경위서를 통해 상세히 조사하면 학생부에서 2차 조사를 하도록 하겠습니다. 저는 수업이 있어서 이만……."

요즘은 생활안전부장님의 수업 시수를 더 줄여야 한다는 생각이 들 정도로 눈코 뜰 새가 없이 바쁘다. 쉬는 시간이 되면 예약한 듯, 학생과 교사들이 주르르 몰려와 부장님께 이야기를 마구마구 쏟아낸다. 많은 이야기가 제대로 정리가 될까 싶을 정도로 과부하 상태다.
새벽에 수영 마치고 등교 시간에 맞추려고 밥 대신 떡으로 아침을 대신하는 부장님이 걱정이다. 장기전으로 가야 하는데, 초반부에 너무 기운을 빼는 게 아닌가 하는 걱정이 앞선다.

학생들은 기억이 안 난다고, 그런 적이 없다고 단호하게 잡아뗀다. 그러나 학생 기획 선생님 앞에서는 술술 불어내는데 그 놀라운 비법이 궁금하다. 1탄 마무리하고, 2탄도 채 끝나지 않았는데 지진 뒤의 여진처럼 계속 흔들거리고 있다. 3탄은 정말 오래 걸린다. 학급 전체를 낱낱이 조사하여 퍼즐 맞추듯이 아이들의 경위서를 분석하여 학폭위에 넘길 학생을 정하는 데도 오랜 시간이 걸렸다. 피해 학생의 병원 방문과 설득, 상담실의 전화, 남임과 관련 학생의 학부모와의 전화 상담, 생활안전부장과 가해 관련 부모와의 면담 등등. 아직도 넘어야 할 산이 많다.

3년 차 경력에 학폭 관련 일은 베테랑 수준이지만, 적응도 하기 전에 학폭에 빠져 허우적이는 것이 안타깝다. 물론 2학년 담임들이 많은 일에 적극적으로 도와주고, 기획 선생님이 모든 서류를 작성해 준다. 하지만 쉬는 시간과 방과후에도 학폭 관련 일을 정리하고 보고하느라 하루 해가 짧다.

대청소를 하면 먼지가 유난히 많고, 숨었던 찌꺼기와 먼지가 풀풀 난다. 학교도 학기 초에 새롭게 시작하려고 마음을 먹으니 묵었던 관계에서 먼지가 많이 일어난다. 힘들지만 대청소가 끝나면 조금 깨끗한 분위기에서 학업을 시작하지 않을까? 애써 위로하며 학폭위가 잘 마무리되도록 끝까지 마음을 모아주기를 기대한다.

생활기록부 작성, 수고스럽지만 귀한 업무

며칠 전에 첫 발령 제자가 찾아왔다.
"선생님, 저에게 영어단어장 만들어 주신 거 기억나세요?"
"비닐에 돌돌 말았던 것 말이지?"
"그때 육상선수로 아침마다 운동하면서 교실에 있는 아이들이 부럽다고 했더니 쌤이 틈틈이 공부하라고 만들어 주셨어요. 그리고 제가 미술에 재능이 있다고도 하셨어요."
40대 중반이 된 그 아이는 미술에 재능 있다는 말에 아이 둘 다 키우고, 수능시험 쳐서 대학에 들어가 미술을 전공했다. 요즘은 벽화 그리는 일을 하고 있다고 했다.

요즘 생활기록부 적는다고 선생님들이 분주하다. 일이 한꺼번에 밀려서 자칫 번거로운 일이 될 수도 있겠다.
「톰 소여의 모험」을 쓴 마크 트웨인이 "자신의 기운을 북돋우는 가장 좋은 방법은 다른 사람의 기운을 북돋아 주는 것이다."라고 했다. 학기 말 업무를 함께하는 동료들에게 힘내라고 격려해 주고, 힘든 아이들에 대해서도 툴툴 털어내야 선생님의 정신건강에 좋은 것 같다.

학기 말에 점점 소란해지고 말도 안 듣는 아이들에게 좋은 말을 적기가 무지 힘들 게다. 가끔 고개를 들어 아이들이 훗날에 멋지게 바뀐 모습을 기대하며 스스로 위대한 일을 하고 있노라고 자기 체면을 거는 동료도 있다.

NASA 경비원은 "나는 달에 여행가는 꿈을 실현하는 사람들의 안전을 책임지는 사람입니다."라고 이야기한다. 디즈니랜드 청소부는 "퍼레이드나 놀이시설 연출을 위한 무대를 만드는 일을 하고 있습니다."라고 말한다.

그렇다면 교사의 생기부 작성은 어떤 가치를 부여할 수 있을까? 훗날 우리 반 아이가 훌륭한 인물이 되어 중학교 생기부를 읽어볼 때, '우리 선생님이 이렇게 나를 믿어 주셨구나. 참 고마운 우리 선생님이셨지….'라고 말해줄 거라고 상상하며 좋은 점을 애써 찾아 기록해 본다. 그래도 참 좋은 말을 쓰고도 또 쓰고 싶은 아이들이 간혹 있어서 그나마 위로가 된다.

교사만이 할 수 있는 생기부 작성에 새로운 가치와 의미를 생각해 본다.

따뜻한 포만감

"여름방학 때 교복우 아이들 대상으로 실시한 금융교육 프로그램 보고서를 쓰려고 합니다."
"좋아요. 그런데 누가 쓰지요?"
"자료를 드리면 교무부장이 쓸 수 있답니다."
교무부장님과 복지사님 두 분이 바쁜 중에 우수사례를 써서 보냈는데, 전국에서 1사 1교 금융동아리 우수교로 선정되었다. 상패와 상금 50만 원이 며칠 전에 도착했다.
"이 돈을 어떻게 쓰지요?"
"학교발전기금으로 받아서 이웃 기관에 봉사활동으로 선하게 쓰고 싶어요."

복지실에는 프리지아처럼 노란 향기를 풍기며 여러 상황을 감싸안고, 어떻게 도울까 고민하고, 기대했던 것을 충분하게 챙기고 해결해 주는 해결사가 있다. 학급에서 어려운 학생이 생길 때마다 선생님들은 복지실을 찾는다. 교복이 없어도, 쌀이 떨어져도, 옷이 없어도, 연탄이 떨어져도, 현장 체험비를 내지 못해도 누구나 복지실 문을 두드린다. 이렇게 알뜰하게 챙겨도 골고루 다 챙기지 못한 것을 알고, 그동안 못 챙긴 분을 찾아 전화했더니 한달음에 달려온 분도 있다.

복지사님이 학교 인근의 지역 인사들께 개인적으로 식사를 대접하고, 일일이 작은 선물을 챙긴 덕분에 우리 학교 아이들이 장학금을 많이 받는다. 경찰서, BBS, 다우식품, 각종 모임에서 장학금도 챙기고, 여러 단체에서 무료로 하는 활동에 우리 학생들을 참가시켜 경험을 쌓을 기회도 준다. 소외된 이웃에게 손을 내민 마더 테레사처럼 따뜻한 사랑을 실천하는 복지사 선생님이 참 고맙다.

사랑이 허기진 아이들에게 눈물 나게 사랑의 씨앗을 심는다. 눈물에는 사람의 마음과 몸을 치유해 주는 힘이 있듯이 복지실에 드나드는 아이들은 따뜻한 포만감으로 배부르다. 복지실이 삶이 고단한 아이들이 무거운 날개를 잠시 접고 쉴 수 있는 안식처가 되기를 바란다.

바이칼 호수의 에피슈라처럼

"야~, 눈병 걸리면 학교 안 나와서 좋지만, 추석 연휴에 놀러 못 가고, 친척도 못 만나는데 눈 비비고 그럴 거야? 손익 계산해서 비비든지 해라."

눈을 비벼서 환자가 퍼질까 봐 내심 두려웠는데, 놀고 싶은 아이들의 약점을 푹 찌른 보건 선생님과 담임 선생님들의 지도 덕분에 눈병이 주춤하였다.

보건실 문을 열면서 절룩거리는 아이들, 안경 깨져 오는 아이들, 비실비실 배를 움켜쥐고 오는 아이들…. 저마다 아픔을 호소한다.
"야, 여기 앉아봐라. 다리를 쭉 뻗고 좀 따갑더라도 참아라."
"또 왔나? 보건실 출입증 받아왔나? 한 시간밖에 못 쉬는 거 알지?"
"이것은 병원에 가서 뼈가 괜찮은지 확인해야겠다. 엄마한테 전화하자."
보건 선생님은 올해 보건실에 제일 많이 온 학생 1위~10위까지를 엑셀로 통계 내지 않아도 그대로 읊을 수 있단다.

보건실에 오는 학생 중 몸이 아픈 경우가 많지만, 마음이 이미 아픈 아이들의 상황은 어김없이 상담부로 연락이 된다. 상담부-보건실-담임교사의 3박자가 합치면 아이들의 거짓말이 레이더망에 걸려 일순간에 들통나기 일쑤다. 점심시간에 전문상담교사와 보건교사는 운동장을 나란히 돌면서 여러 일을 공유한다. 교사 간 소통은 학생의 문제가 해결되는 지름길이다. 보건실에서는 몸을 치료하고, 상담실에서는 마음을 치유하는 일을 하는데 소통이 빚어내는 아름다운 조화에서 퍼지는 향기는 감동이다.

"요즘 출장이 많아 병원에 제대로 못 갔는데, 소독 좀 해 주세요."
병원 치료를 받으려면 시간이 오래 걸리지만, 학교 보건실은 8시만 되면

문 열지요. 오래 기다리지 않아도 되지요. 약품의 품질도 월등하지요. 더구나 무료이지요. 이용해 보니까 참 좋더라구요. 강추!! 선생님들도 필요할 땐 보건실의 도움을 얻는다.

'시베리아의 푸른 눈'이라 불리는 바이칼 호수는 맑고 아름답기로 유명하다. 바이칼 호수는 약 330개 강이 몰려드는데, 물이 나가는 곳은 앙가라 강 하나뿐이다. 그런데 물이 수정처럼 맑다. 그 이유는 '에피슈라' 때문이다. 에피슈라는 모래 알갱이처럼 작아서 현미경으로 봐야만 보이는 작은 새우로, 이것이 호수를 더럽히는 이물질을 모두 삼켜서 맑음을 유지한다.

아이들과 부대끼며 때로 속 썩는 일도 허다하지만, 묵묵히 학교를 바로 세우는 선생님 한 분 한 분이 에피슈라이다.

젖은 마음을 보송보송 말려주는 수호천사

"아이들을 들여다보면 마음이 아프지 않은 아이가 없어요."
"오늘도 어머니가 와서 한참 울고 갔어요."
"가정방문 갔는데 문밖에서 30분 기다린 적도 있어요."
"겉으로 피가 흐르는 상처보다 마음속에 보이지 않게 곪은 상처를 어떻게 치유해야 할지 막막할 때는 제가 하는 일이 너무 미약해 보여요."
어떨 때는 이야기를 들어주다가 점심도 굶은 적도 있고, 온몸이 방전되기도 하지만 아이들에 대한 사랑은 온돌방이다.

"원래는 국어 교사였다면서요?"
"네. 국어를 가르치면서 나날이 변하는 교수학습 방법에 적응도 어렵고, 급변하는 아이들에게 제대로 가르치는지 의문이 생겼어요. 고민하다가 임용시험을 다시 쳐서 전문상담교사가 되었지요."
대안 교실 아이들과 텃밭을 가꾸다가 럭비공처럼 튀는 아이들에게 잔뜩 화가 나서 큰소리도 치고 돌아서서는 힘없이 말한다.
"어제는 말썽꾸러기 6~7명을 데리고 텃밭 가꾸기에서 이름표를 붙이는데 얼마나 투덜거리는지요."
"선생님들이 수업하기 정말 힘들 것 같아요. 화내고 나니 미안하네요. 한 명씩 만나면 착한데, 함께 모아두니까 천방지축이네요."

올해 1학년은 정서행동특성대상자가 많고, 사례도 제각각이어서 상담도 무척 많았다. 일일이 상담하고 2차 기관과 연계하고, 3차에 걸쳐 담당 교사 연수하느라 정말 일이 많았다. 그런데도 내색하지 않고 묵묵히 자리를 빛내고 있다.

1학년 안전 테마파크 현장 체험 마치고 공문처리를 한다며 4층에 올라가기에 한마디 했다.
"곧바로 퇴근하세요. 일은 다음에 하고요."
"일을 미루면 올해 안에 끝나지 않아요. 그날그날 처리하지 않으면 안 돼요. 이 일은 정보보안 사항이라 집에서도 할 수 없어요. 오직 학교에서만 할 수 있죠."
'아~~, 그래서 토요일에도 혼자 나와서 일을 하는 거구나!'

백조는 물 위에서는 우아한 듯 보여도 물속에서는 숨 가쁘게 발길질을 한다. 마찬가지로 수업 안 하고 1명만 불러놓고 상담하는 게 쉬운 듯 보여도 맘 아픈 아이들에게 마음을 내주며 공감하는 일이 정말로 쉬운 일은 아닌 것 같다.

박애(博愛), 모든 사람을 차별 없이 널리 사랑한다는 뜻이다. 박 선생님은 영혼이 상한 아이들에게 특별한 애정으로 젖은 마음을 보송보송 말려주는 수호천사이다. 영화 <Special Force White Mountain>에 나오는 대사 중에 이런 말이 있다.

> 중요한 건 임무를 위해 두려움을 극복하는 거야.
> 두려움이 없는 군인은 죽은 군인뿐이다.
> 상급자도 마찬가지야.

희망의 씨를 뿌리는 첫 주

선생님한태 잘 보이고 십지만 그것이 잘 되지 않습니다. 만년 지각쟁이입니다. 선생님들은 하면 잘 한다 하지맣 그것이 잘 안 됨니다. 암튼 시 잘 보시고 댓글란에 좋은 글 부탁들입니다.

홈베이스에 두고 간 작은 시집, 『하나의 아름다운 시집』의 첫 페이지를 펼쳤다. 비포장도로처럼 글씨 크기도 울퉁불퉁한 자기 소개글이 진심이라 찡하다. 연필로 몇 번을 지우고 다시 쓴 흔적이 고스란히 보인다. 서툰 글씨 깊숙이 목마른 사랑이 팍팍한 갈증을 일으켰다.

> 아버지가 집에
> 오실 때는
>
> 쓰검헌 탄가루로
> 화장을 하고 오신다.
>
> 그러면 우리는 장난말로 아버지 얼굴 예쁘네요
>
> 아버지께서 하시는 말이
> 그럼 예쁘다말다
> 우리는 그런 말을 듣고
> 한바탕 웃는다.
>
> \- <아버지가 오실 때, 하대원>

작은 시집에 적힌 시 한 편, 꾹꾹 눌러 담은 아이의 마음이 싸~하게 보인다. 평상시에 늘 혼자 다니며 조용한 ○○에게도 선생님의 사랑은 고파 보였다.

"수업 시간 중인데 어디 갔다 오니?"
"발목을 삐어서 보건실에 갔다 오는 길인데요."
"이제 3학년인데, 고등학교 갈 준비를 해야 하지 않겠니?"
"요즘 빨리 와요. 그런데 2학년 때 지각과 조퇴를 많이 해서 출결 점수 때문에 고민입니다."
수시로 지각하던 ○○도 고교 입학에 출결 점수가 중요하다는 것을 아는 것 같다. 보건실에서 곧바로 2층에 올라가는 대신 다리를 절룩이며 엘리베이터를 타러 1층을 길게 가로지르는 아이도 새로운 출발이 되기를 기대한다.

"사격 선수 4명 중 하나로 뽑혔는데, 기대가 크구나. 오른팔이 아주 소중하니까 어떤 흠 자국도 내서는 안 되는 거 알지? 매주 팔 살펴봐도 되겠니?"
수시로 자해하는 아이에게 선생님들은 무심한 듯 관심을 준다. 점심시간마다 무거운 아령을 들고 20초를 견디는 아이에게도 각오가 새롭다.

새 학기, 새 마음, 새 출발!
설렘과 기대가 있는 3월.
아이들 모두가 낡은 생활을 말끔히 닦아내고 새롭게 출발한다. 선생님들도 부드럽고 따스한 마음을 엄숙한 표정으로 애써 숨기며 학기 초의 생활지도에 날 선 각을 세운다.

시작, 낯설지만 설렘이다.

산하엽은 시들었지만 시들지 않는 호탕한 웃음

"산하엽은 특이한 식물이라, 이것을 관찰하여 실험하려고 합니다."
그러나 산하엽은 비싼 만큼이나 키우기가 힘들어서 얼마 되지 않아 뿌리만 남기고 시들었다. 산하엽은 시들었지만 뭐든지 새로운 관점에서 실험하고, 모험의 길로 안내하는 선생님의 열정은 여전히 뜨겁다.

"자료집계 보고가 오늘까지입니다. 과학전람회 보고서를 완성하려면 늦어지는데, 오늘 늦게 퇴근하실 수 있나요?"
시험 마치고 모두 영화 보려고 썰물처럼 빠져나갔는데, 두 아이가 남아서 과학실험보고서를 쓰고 있고 과학 선생님들이 옆에서 아이들을 기다린다. 서부교육청에서 우수상을 받은 아이를 지도하는 과학 선생님은 4월이 지나서도 바쁘기는 매한가지이다. 어려운 대회에 1팀도 아니고, 4팀이나 출전하도록 기회를 주는 선생님의 애틋한 열정이 참 귀하다.

학생들이 머리를 맞대고 아이디어의 싹을 피울 때
"얘들아, 이렇게 하면 어떨까?"
슬쩍 흘리는 한마디에 찰떡같이 알아듣는 학생들, 시험 끝난 후라 교무실은 텅 비었는데, 웃음소리 호탕한 과학 쌤, 매섭게 보고서를 검토하는 과학 부장님의 눈길이 따스하다.

과학과 선생님들은 점심시간과 방과 후에도 아이들의 갓 피어난 아이디어를 키우기 위해 오래 묵은 지혜의 마중물을 수시로 붓느라 분주하다. 10%의 아이디어를 90~100%로 만들기 위해 부단히 애쓰는 뒷모습을 볼 때면 참 교사는 주변에 가까이 있구나 싶다.

백화점 마네킹의 앞모습은 화려해도, 뒤에는 무수한 시침 핀이 꽂혀 있듯 아이들의 빛나는 성과 뒤에는 선생님들이 빼곡하게 시침질한 수고가 있음을 안다.

마감 시간 직전에 4팀의 명단을 제출한 후, 보고서를 인편으로 들고 가는 장 선생님의 뒷모습에 햇살이 눈부시다. 장 선생님은 종종 일에 빠져 있는 교무실의 침묵을 화들짝한 웃음의 연발탄으로 깨우는 분이시다. 또한 기묘한 방법으로 과학행사에서 아이들이 잠재된 재능을 발휘하게끔 하신다.

"우리 학교에는 원소 공부하는 교구와 자료가 있어서 가르치기 좋아요."

아이들 눈높이에 맞추어 이해하기 쉽게 가르치려고 이리저리 기웃거리며 재료를 찾고, 업무를 통해서 자신의 재능과 성실함을 증명하는 모습이 호탕한 웃음만큼이나 멋지다. 가르침과 업무, 어느 것 하나 쉬운 것이 없지만, 맡은 바 일에 묵묵히 씨를 뿌리면 머지않아 기쁨의 열매를 풍성하게 얻을 수 있을 것이다.

마스크

"마스크 사러 갔더니, 행렬이 우체국을 기다랗게 휘감고 있어요."
"마스크 5부제로, 마스크 구하기가 하늘의 별 따기입니다."

대구의 코로나가 세계적으로 유명세를 떨칠 때, 대구 시민은 위축되어 잔뜩 움츠렸다. 저녁이면 가게는 일찌감치 문 닫아, 거리는 깜깜하게 눈감았다. 엘리베이터 대신 11층까지 헉헉대며 오르내렸고, 손에는 습관처럼 라텍스 장갑을 꼈다. 대구행 KTX와 버스는 텅텅 비었다고 연일 보도되었고, 3호선 지상철은 덩그런 불빛만 싣고 외롭게 운행했다. 학교 또한 원격수업으로 꽁꽁 얼어붙었다.

선생님들은 아이를 깨우느라 전화로 아침을 열었다. 매시간 수업 내용을 원격으로 확인하고 과제물을 독촉하느라 선생님들은 거의 콜센터 직원처럼 지쳐갔다.

2020년 3월의 대구 확진자가 700명으로 고공 행진하다가 2020년 4월 10일, 대구의 코로나19 일일 확진자가 0명이 되던 날은 '대한 독립 만세'를 외치는 심정이었다. 첫 확진자 발생 이후 52일 만이었다.

길고 지루한 원격수업을 마무리하며 등교수업을 병행했을 때 아이들은 너무 좋아서
"학교에 계속 오고 싶어요."
"학교에 있으면 안 돼요?"
"방역 수칙 잘 지킬 테니 학교 오게 해 주세요."
라며 애원했다. 그동안 집에 갇혀 지내면서 학교의 소중함, 친구들의 소중함을 절실히 느꼈다며 운동장에서 애꿎은 공을 뻥뻥 찬다.

확진자 수가 줄어들어 부분적으로 등교 개학을 하니 더 바빠졌다. 블렌디드 러닝, 쌍방향 수업, 콘텐츠 활용 수업, 미러링 수업 등 생소한 수업 방법을 공유하며 이론보다 실전으로 배우고 익히느라 머리 용량을 초과하는 일이 연일 일어났다. 그 와중에 에피소드 몇 개 소개한다.

<에피소드 1>

스승의 날 행사로 선생님의 캐리커처 그리기와 4행시 쓰기를 하던 시간이었다.
"쌤, 얼굴을 한 번도 본 적이 없는데 어떻게 캐리커처를 그려요?"
"정말 그렇구나."
"쌤, 딱 1초만 얼굴을 보여주세요."
아이들은 기대 반, 흥분 반으로 마스크를 벗은 모습을 잔뜩 기대했다. 그러나 마스크를 벗는 순간, 실망감이 알밤처럼 후두둑 떨어지는 소리가 아이들 눈빛에서 읽혔다.
실망 때문이었는지 몰라도 캐리커처에는 아예 마스크를 잔뜩 씌워 놓았다. 1초만 보여준 내 얼굴에는 팔자 주름이 선연하게 패었고, 화장기 없는 얼굴의 기미도 점묘화처럼 정직하게 그려졌다.

<에피소드 2>

3학년 졸업 앨범 촬영, 유월의 태양이 아이들을 뜨겁게 마중 나와 운동장에 햇살을 마구 쏟아붓는다.
"얘야, 1반도 아니면서 왜 1반에 와 있어? 얼른 너희 반으로 가."
"선생님, 1반 실장인데요."
아뿔싸! 마스크를 벗은 얼굴을 2년 만에 처음 본 터라, 학급 실장을 못 알아보다니 이런 웃픈 일이 생겼다. 두고두고 미안했단다.

<에피소드 3>

자가 격리된 교사가 집에서 쌍방향 수업을 하면 학생들은 교실에서 수업을 듣는데. 수업을 마치자 두 학생이 티격태격한다.
"미술 쌤 마스크 벗은 거 처음 보는데, 완전 예쁘지 않냐?"
"너는 의리도 없냐? 그래도 담임 쌤이 예쁘다고 해야지."
"예쁜 건 예쁜 거지? 거기에 왜 의리를 따지냐?"
아이들의 언쟁은 쉽사리 잦아들지가 않는다.

교직 생활 30여 년에 마스크로 인해 색다른 경험을 하고 있지만, 요즘은 마스크 구하기는 쉬운데 버릴 때마다 환경오염을 걱정해야 한다. 이제 마스크는 언제든지 마음껏 살 수 있고, 백신 접종도 코앞이다.

까뮈의 『페스트』에서 캄캄한 절망 속에서 불빛이 된 의사 리외의 성실함을 잊을 수 없다. 깜깜하게 꺼져버린 도시에 희망의 불을 하나둘 켜가는 리외 주위에는 기진맥진할 정도로 지친 의사와 봉사자들이 초인적인 힘을 발휘하며 힘을 보탰다. 지금도 보이지 않게 수고하는 이의 소리 없는 수고와 헌신적인 일상을 잊을 수기 없다.

마스크 벗을 날이 반드시 오리라. 힘들어도 희망을 파랗게 키우고, 지친 마음을 밝히는 따스한 위로를 담아두는 것도 잊지 말아야겠다고 다짐한다.

난생처음, 온라인 개학

"8시 30분인데 출석 체크를 할까요?"
"네~~, 알겠습니다."
3학년 담임 선생님들이 e학습터에 접속하자마자 발 빠르게 출석 체크를 한다.

"온라인 개학 첫날인데, 벌써 많이 출석했네요."
"일주일 전부터 연습시킨 덕분에 훈련이 잘된 것 같습니다."
숱한 연습에도 불구하고 끝까지 늦잠 자는 한 명을 깨우기 위해 온 가족에게 전화한다. 학생, 엄마, 누나까지 일제히 깨워 수업 입장을 확인하고서야 "휴~" 한숨을 쉰다. 그간의 노력이 헛되지 않도록 온 마음으로 전화로 원격 제어하느라 팽팽했던 긴장감과 동동거리던 마음을 그제야 내려놓는다.

초고속으로 진행된 조례가 끝나자, 1교시 수업 교사가 분주하다.
"3학년 담임쌤들이 연습을 빡세게 시켜서 거의 수업에 입장했습니다. 미출석자의 명단을 담임쌤에게 보냈더니, 신속하게 깨워 주고 협조를 너~~무 잘해 주십니다."

1교시 역사 시간, 아이들은 동영상을 보고, 온라인 학습지에 꼼꼼하게 기록한 학습 결과를 실시간으로 탑재한다.
"학습지의 학습 결과물을 한번 살펴볼까요?"
"학습지마다 반 번호와 이름이 적혀 있어서, 과제 확인할 때 무척 편리하네요."
"부장님이 학습지 양식을 일괄 보내주어 저희가 쉽게 확인할 수 있어요."
학생들의 학습 태도를 확인하지 못해 답답해하면서도 집에서라도 공부에 집중했으면 하는 담임 선생님들의 절절한 마음이 그대로 전해진다. 담임 선생님은 영락없는 16~17명 아이의 아빠와 엄마다.

"온라인 개학을 3학년이 멋지게 출발하니까, 1, 2학년이 따라가기가 쉽네요. 3학년 부장님이 애써 주셔서 감사합니다."
"저는 아무것도 한 것이 없어요. 단지 담임쌤들이 열심히 해 주시고, 저는 그저 따라가기만 한 걸요."
"에~~이, 부장님, 그건 아니지요. 부장님이 우리를 잘 이끌고 배려해 주신 덕분이잖아요."

3학년실은 봄바람이 벚꽃 몇 잎 연분홍빛으로 떨구듯 훈훈하다.
코로나19! 원격수업! 온라인 개학!
아무도 가보지 않은 낯선 길을 가느라 버겁고, 두렵고, 힘들지만 3학년실 창문 가득 비쳐오는 봄 햇살처럼 서로를 기대고 의지하며 손잡고 지내는 모습은 그냥 한 편의 영화이다. 감동이다.

힘내, 사랑해, 응원할게

"훌쩍훌쩍"
"숙제가 과제 방에 안 올라가요. 너무 어려워요."
온라인 개학 첫날부터 하루도 거르지 않고 컴퓨터실에 등교하는 아이는 동영상 보고 나서 곧바로 학습지 들고 1학년실에 쪼르르 달려온다. 아이는 알아도 오고 몰라도 온다. 쌤들의 사랑 한 줌씩 받는 재미로 들락날락거려 1학년실 문턱은 이미 닳을 대로 닳아버렸다.

"학습 과제가 안 보이네. 다시 올려야겠다."
"데이터 아껴야 하는데…."
숙제를 다시 한번 올리고, 서둘러 데이터를 끈다. 숙제를 안 하는 아이에게 학교에 오면 도와주겠다고 하면 대부분 일제히
"아니요. 집에서 할 수 있어요."
라며 사양한다. 그런 마당에 8시만 되면 어김없이 등교하는 아이는 참 순박하고 예쁘다.

"숙제를 덜 해서 △표시된 학생은 나중에 확인하면 ○표로 바뀌게 되는데, 이 아이는 전혀 요동이 없고, 전화 자체를 받지 않아요."
"도움반 선생님의 전화는 수신 차단해 놓고, 그나마 담임 전화만 받네요."
"가정방문을 가려고 해도, 가정에서 숙제시키겠다 하며 방문을 사절하네요."
"학교와 가정이 서로 손잡고 해야 하는데, 도움을 거절하니 아쉬울 따름입니다."
담임 선생님은 학생이 전화를 받지 않자, 아버지와 통화하면서 전화기 너머에서 훤히 들여다보이는 가정의 모습에 안타까움을 표한다.

"온라인 개학에 단 한 번도 고개를 내밀지 않아요."
"직접 가정방문을 다녀오시는 게 어떨까요?"
"아~~, 다녀왔는데 온라인 출석을 하지 않는 게 100% 이해가 될 뿐입니다."
학생부장님과 담임 선생님은 땅이 터질 듯 한숨을 내쉰다.

"퇴원한 후에 딱 하루 출석을 했고, 온라인 과제 학습지는 했다고 하는데 확인해야 출결 처리를 할 수 있을 것 같아요."
"상담사 선생님과 함께 가정방문을 가서 긴 이야기를 듣고 왔습니다. 집마다 사정이 다르고, 아플 수밖에 없는 형편이 있네요."
"온라인 과제 학습지에 몇 과목 숙제해 두긴 했습니다. 7일(휴일 포함)이 넘어서 출결 인정 서류를 챙겨야 할 것 같습니다."

출근길에 교통사고를 당해 온몸이 뻐근함에도 아이 걱정에 내 몸 아픈 것은 뒷전인 담임 선생님은 날마다 걱정이 쌓인다.
"OO센터에서 전화가 와서 아이의 처소를 옮긴다네요."
"학부모의 동의가 있어야 할 텐데, 그것도 확인해 봅시다."
"아이가 어디에 있든, 도울 수 있는 방법을 찾아보겠습니다."
아픈 손가락 대하듯 하는 3학년 부장님과 담임 선생님은 서로 정보를 공유하며 어떻게든 학생을 도우려고 마음을 모은다.

학년실과 특별실을 돌아보면 비담임 선생님들은 컴퓨터 화면에 빠신 섯처럼 위태로운 모습으로 정성스럽게 피드백을 꾹꾹 눌러 쓰고 있다. 쉴 새 없이 다음 차시 학습지를 만들거나, 주제 선택 수업의 자료를 만들거나, 새로운 방법으로 수업 내용의 녹음을 반복하거나, 동영상 강의를 15분 이내로 요점 정리하여 자르거나, 교실에서 전화로 질문에 답하거나, 컴퓨터실에서 아예 일대일 수업을 하는 등, 모두 쉴 새 없이 심혈을 기울여 수업을 준비하고 있다.

선생님과 대화를 나누노라면 봄철에 땅을 일구고, 북을 돋우고, 씨를 뿌리는 농부의 겸허한 모습이 겹친다. 원격수업을 하는 모습에서 소명감보다 뜨거운 눈물이 뚝뚝 읽힌다.

"다른 학교는 6~7교시 수업을 오전에 후딱 끝내기도 한다네요."
"어떤 학교는 과제 없이 그냥 동영상만 보는 경우도 있다는데…."
우리 학교 선생님들은 시간마다 출결 체크, 과제 확인, 피드백 3박자를 지킨다. 그러니 아이들도 강의 듣고, 과제하고, 사진을 찍어 올리는 3박자를 지킨다. 이런 성실함이 있어 저도 모르게 공부하는 습관을 가지게 될 것이다.

봄철에 산을 오르노라면 연초록 잎들이 전해주는 환호가 싱그럽게 우리를 초록으로 물들인다. 그처럼 아이들은 선생님들의 전화 너머로 전해지는 애정 어린 안내, 정성 담긴 피드백, 학습지의 행간에 숨겨진 수업의 의도를 배우며 여물 것이다.

프로스트의 '노란 숲속에 두 갈래 길이 있었습니다.'라는 시구처럼 우리 앞에도 아무도 가지 않은 원격수업이 놓여 있다. 불평하며 울퉁불퉁 걷거나, 낯선 길을 새롭게 맞서며 걸으나, 4~5월은 그저 변함없이 푸르게 피어날 것이다.

당장 내일 아이들은 오는데

"기침과 재채기에서 나오는 비말, 즉 침방울이 2m까지 날아가기 때문에, 사회적 거리를 2m로 유지해야 합니다."
"연구 결과가 조금씩 차이가 있지만, 홍콩대 연구에 따르면 코로나19의 생존 시간은 신문지는 3시간, 목재와 천은 2일, 유리와 지폐는 4일, 스테인리스나 플라스틱은 7일이라고 합니다. 비말이 오래 생존하기 때문에 자신의 건강을 위해 꼭 마스크를 써야 합니다."

"교육청과 교육부에서 보내오는 매뉴얼이 조금씩 차이가 있어요. 100쪽짜리 매뉴얼이 세 번째 수정되는 바람에 자꾸 읽다 보면 머리가 뱅뱅 도는 것 같아요."
"요즘 가장 힘든 것은 무엇인가요?"
"모든 선생님의 도움 없이는 안 되는 일이라, 선생님들께 부탁드릴 때가 제일 송구스럽지요. 자꾸 부탁하려니 차마 입이 안 떨어져서…."

보건 선생님은 3월 재택근무 동안 일일 보고 사항이 많아서 하루도 쉬지 못했고, 마스크와 소독약 등의 지정된 분량을 채우기 위해 노심초사했다.

"7만 원짜리 체온계가 22만 원이었다가 어제는 30만 원을 훌쩍 넘기도 했어요."
"예산은 빠듯한데, 체온계 보유 수량은 채워야 하고, 물량은 부족하고…."
학기 초 모든 공문은 코로나19라는 말이 붙었고, 어느 부서로 분류해야 할지 어려운 것도 많았지만 단연 긴급한 것은 보건 쪽이었다.

잠시만 늦어도 급하게 보고해야 하는 긴급 보고가 많아서 허겁지겁 오느라 어떤 날은 컵라면, 어떤 날은 김밥 한 줄로 때운다. 보고 있자니 안쓰럽다.

그러던 어느 날, 출근하자마자 헐레벌떡 교감실에 달려왔다.
"자~~자~~~, 숨 좀 고르고"
"교감쌔~~앰, 7만 원짜리 체온계 샀어요."
"어떻게?"
"수백 번 전화해서 드디어 통화가 되었는데요. 아침 일찍 체온계를 팔 거라며 빨리 클릭하라고 해서 새벽같이 출근해서 '사랑의 콜센터'에 전화하는 심정으로 클릭했는데, 우와~~~~"

흥분과 감격이 목소리에 섬세한 떨림이 되어 전해진다. 7만 원짜리 체온계를 7만 원에 샀는데 저리 좋아하는 걸 보면, 그간 보유량을 채우기 위해 얼마나 전전긍긍했는지 눈에 선하다. 체온계, 마스크, 소독제, 세정액 등의 보유량 확보가 궁핍한 살림에 빚 독촉처럼 쟁쟁거린다. 동동걸음으로 겨우 보유량 숙제를 끝낼 무렵, 시교육청에서 대형 트럭으로 그동안 갈망했던 물량을 보내주었다. 그런데 11월까지 비상용으로 확보하는 것이라서 헤프게 쓸 수도 없다.

한 아이를 키우기 위해서는 온 마을이 필요하다는 아프리카의 속담처럼 지금은 온 마을이 나서서 아이들뿐 아니라 우리의 안전도 지켜야 할 때다.
"아침마다 발열 체크 당번은 현관 입구에서 열을 재고, 37.5도 이상이면 즉시 귀가시키거나 학부모님께 연락해야 합니다."
"발열 체크할 때 선생님들은 마스크뿐 아니라 고글까지 쓰라고 되어있는데, 이것도 구입해야 하는데 어쩌지요? 예산이 없어요."
"아, 그거요. 과학 실험할 때 안전용으로 고글을 학생 수만큼 확보하고 있어요. 마침 새로 구입한 것이 있는데, 쓰면 좋겠네요."
과학실에서 고글을 교사 수만큼 선뜻 내주었다.

"발열 체크뿐 아니라 화장실과 급식실 갈 때도 최소 1m 띄워야 하는데요."

"교과담임은 수업하느라 바쁘니, 저희들도 함께 할게요."
실무원 선생님들이 바쁜 가운데서도 몸을 일으켜 도와준다. 화장실 변기에 '사용금지'를 붙이고, 바닥에 노란색 표지를 붙이고, 수돗가와 계단과 출입문에도 '사회적 거리 두기' 노란색 표지를 붙인다. 돕는 이들의 표정에 환한 웃음이 핀다.

바람 불고 힘든 시기에는 서로 손잡을 때 전해지는 온기가 유난히 따스한 법이다. 보건실에서 혼자 마음 동동거리는 것을 구태여 말하지 않아도 동료들은 훤히 들여다본다. 원격 수업할 때도 콘텐츠 개발과 학습지 만들 때도 함께 지혜를 모으더니, 지금도 서로서로 마음을 모아 동료의 힘든 어깨를 다독인다.

알베르 카뮈의 장편소설 『페스트』 속 인물인 '타루'가 말한다.

> 내가 확실히 알고 있는 것은, 사람은 제각기 자신 속에 페스트를 지니고 있다는 것입니다. 왜냐하면 세상에 그 누구도 그 피해를 입지 않는 사람은 없기 때문입니다. 늘 스스로 살펴야지 자칫 방심하다가는 남의 얼굴에 입김을 뿜어서 병독을 옮겨주고 맙니다. 자연스러운 것, 그것은 병균입니다. 그외의 것들, 즉 건강, 청렴, 순결성 등은 결코 멈추어서는 안 될 의지의 소산입니다.

현실이 아무리 잔혹하다 할지라도 희망의 등불을 켜서, 등교수업에 아이들을 한마음으로 지켜주어야 할 시간.
개봉박두, 5월 27일!!

등교 개학 풍경

"세~상에, 7시 30분에 와서 벤치에 앉아 기다리고 있더라고요."
아무리 빨리 와도 교실에 들어가지 못하고, 8시 10분에 발열 체크를 무사히 통과해야만 교실에 들어갈 수 있는 엄격한 시스템으로 운영되고 있다.

"얘들아, 두 줄로 줄 서고, 2m 떨어져서 다니자."
아무리 소리쳐도 오랜만에 만난 아이들은 자석처럼 붙어서 재잘거린다. 마스크로 한껏 얼굴을 가린 데다가, 훌쩍 웃자란 키 때문에 학생의 이름을 다 아는 선생님도 간혹 헷갈린다.
"아, 맞네. 니는 와이리 마이 컸노?"
3학년 담임 선생님들은 기대 반, 설렘 반으로 교실에서 대기하고 있고, 나머지 선생님들은 아이들이 아프지 않고 등교하는 것만 해도 기특하고 고마워 한껏 기쁨으로 맞이한다. 모든 선생님들이 스크린 실드로 얼굴을 투명 방어한 채로 한 손에는 '반가워', '사랑해', '사회적 거리', '2m', '마스크' 등을 들고, 환영의 손을 흔든다.

"두 줄로 서야 발열 체크하지."
"이마의 머리카락 올리고."
"앞머리 올리고"
"손 소독 해야지."
3개월간 비대면에 익숙한 선생님들이지만, 아이들을 보는 순간 비대면에서 금세 대면 모드로 바꾸어 아이들 지도에 여념이 없는 것을 보니, 뼛속까지 천생 선생님이다.

담임 선생님은 1교시에 '슬기로운 학교생활' 책자로 건강과 안전 등을 꼼꼼하게 짚어가며 설명하느라 마스크 사이로 '휴~' 하고 숨을 몰아쉰다.

"쉬는 시간인데도, 떠드는 아이 하나 없고, 조심스레 화장실을 오갈 뿐입니다."
"3학년 담임쌤들이 생활교육을 얼마나 철저히 했는지 훤히 알 수 있네요."
환하게 열린 복도 창문 사이로 맑은 공기가 교실을 '휙~'하고 건너뛰며, 학생 수칙 매뉴얼의 엄격함에 긴장된 아이들의 어깨를 시원하게 훑는다. 그래도 잠이 덜 깬 아이들은 무거운 온몸을 책상 위에 철퍼덕 내맡긴다.

"얘들아, 쉬는 시간인데, 화장실 갈 사람만 얼른 다녀와."
쉬는 시간이면 어김없이 쏟아져야 할 괴성이나 비속어가 온데간데없다. 그저 적막하기만 하고, 복도 끝 화장실 근처에 실무원 선생님만 서성일 뿐이다. 인근 학교는 쉬는 시간에 말하면 벌점 준다는데, 살다가 이런 일은 처음 겪는다.

점심시간. 칸막이에 네모나게 갇혀서 마스크를 살짝 걷고 한 숟가락 뜨고, 다시 마스크를 쓰는 아이들... 급식을 먹는가? 두려움을 먹는가? 급식 지도 당번 외에도 급식실에 서성이는 선생님들이 많다. 힘들어하는 동료에게 조금이라도 도움을 보태려는 뒷모습에서 따스한 마음이 5월의 연한 순처럼 물든다.

식사 후 햇살이 눈부시게 쏟아지는 운동장을 아이들이 한 줄로 걷는다.
"맨 앞에 앉아서 쌤과 이야기해 봤다 아이가? 수업과 달리 이야기하는 게 완전 귀엽더라."
"맞나?"
운동장 돌면서 "뚝뚝 떨어져서 걸어라."라고 아무리 말해도 금세 붙은 아이들은 선생님들의 특성을 친근함과 정겨움으로 표현한다.

"자가진단시스템 했나?"
"강, 아, 지요?"

"아니, 자, 가, 진, 단, 했냐고?"
한 번도 출결 체크를 한 적이 없는 아이와 대화하는 선생님은 마스크 하나가 비말뿐 아니라 아이들의 의사소통까지 막는 것 같다며 머리를 흔든다.

>요리 보고 저리 봐도 음음
>알 수 없는 둘리 둘리
>빙하 타고 내려와 친구를 만났지만

키 큰 체육 선생님의 시범에 따라 '둘리' 음악에 맞추는 아이들의 율동이 경쾌하다. 수업에서도 사회적 거리를 철저히 지키고, 마지막에는 운동장 한 바퀴를 둥글게 돌고 교실까지 바래다주는 특급 서비스, 놀랍지 않은가?

"3시간 연강인데, 쉬는 시간도 지켜야 하고, 준비물도 챙겨야 하니, 정신없어요."
"수업-쉬는 시간-수업이 힘드니, 쉬는 시간에 시간 맞춰 와 달라는 메시지를 보냈는데, 5분 전에 미리 와서 기다려주시는 선생님을 보니 울컥해요."

게리 주커브는 『영혼의 의자』에서 사랑과 신뢰가 하나라고 했다.

>사랑과 신뢰는 종이의 앞뒤 면처럼 따로 뗄 수 없습니다.
>하나가 없으면 다른 하나도 존재할 수 없습니다.
>사랑은 신뢰의 우물을 깊게 하고, 신뢰는 사랑의 시간을 넓힙니다.

이 코로나 어려움 중에 우리가 서로에게 사랑과 신뢰를 주는 존재임을 확인하게 된다.

아이의 마음에 불을 켜는 점등인

"상담하다 보니까 OO가 머리를 안 감아 친구들이 멀리한대요."
"학교에서 도움을 줄 만한 방법이 없을까요?"
"4층의 장애인 화장실에 샤워기는 있으나 온수가 나오지 않고,
도움실에는 샤워용품은 있으나 학생들이 들락날락하고…."
몇 명의 선생님이 머리를 맞대고, 아이의 마음을 다치지 않게 도울 방법을 고민한다.

선생님이란 존재는 일이 산더미처럼 쌓여도 아이들을 위하는 일이라면 버선발로 달려와 기꺼이 마음 보태는 분들이다.
'어떡하지?' 고민의 실마리를 툭 던졌을 뿐인데, 며칠 뒤엔 OO의 머리를 감기고, 머리를 감기다 보니 엄마의 빈 자리를 채워야 한다며 겨울 추위까지 걱정한다.

"생활복 위에 덧입을 파카도 필요할 것 같아요."
"속옷과 생리용품도 필요해요."
교복우 예산을 요모조모 알뜰하게 챙기던 담당 부장님이
"예산 사용 지침에 따라 교복우 회의를 거쳐 아이를 도울 방법을 찾아볼게요."

어떤 쌤은 조용히 아이의 머리를 감겨주고, 어떤 쌤은 마음을 다독이며 청결함을 지키도록 엄마 마음으로 나직나직 알려준다. 소리 없이 돕기 위해 면밀히 관찰하는 담임쌤까지 한 팀이 되어 한 아이를 은밀하게 돌본다. 이 많은 일들이 wee 클래스 사례 보고서에는 딱 한 줄로 요약되었다.
'학생의 긴급 지원 - 방한복과 생필품 지원'

어린 왕자가 방문한 가장 작은 별의 점등인이 기억난다. 점등인은 밤마다 불을 켜는 일을 하는데, 어느 날부터 행성의 자전이 1분 간격으로 진행되면서 불을 껐다켰다를 그저 반복하기만 한다. 어린 왕자는 점등인이 한 발만 걸어가면 쉴 수 있을 것 같은데, 점등인은 그저 쉼 없이 일을 반복하면서 쉬고 싶다고 한다.

반복되는 학교 일이 점등인의 불 켜는 일과 같다고 느낄 때 그 무의미에서 벗어나는 일은 우리의 마음을 아이들의 마음에 돋보기를 가져다 대는 것이다.

점등인이 무의미하게 밝힌 불에 누군가의 희망이 밝혀질 수 있듯이 머리를 감기고 속옷을 사주는 사소함이 아이의 기억 한켠에 사랑으로 남아 있을 수 있다. 선생님의 따스한 눈빛 하나에 아이는 일어설 용기를 얻지 않았을까?

③ 나, 전지적 시점

도움을 받으며 사는 것

중등연구교사 시범수업이 끝나서 맥이 탁 풀렸다. 매일 하는 게 수업인데 준비하는 게 왜 이리 힘이 들었는지 몸살이 나고 아무것도 할 수 없을 정도다. 수업 후 아무것도 할 수 없는 것을 보고 정말 수업 공개 준비에 온 마음을 쏟았음을 확인한다.

일어나지도 못하겠고, 누워있는데 허기가 몰려왔다. 뱃속에 배고픈 거지들이 와글거리는 것 같았다. 한없이 당기는 식욕, 일어설 수 없는 몸! 누워서도 살아야겠다는 생각, 빨리 자리를 털고 일어나야겠다는 생각, 그동안 미뤄 두었던 청소, 나들이, 독서 등이 한꺼번에 하고 싶었다.

생생하게 살아나기 위해 누군가의 도움을 받고 싶었다. 지금 육체의 피곤을 푸는 데 도움받을 사람이 떠 올랐다. 내가 지치고 힘들었을 때 도움을 받을 수 있는 것은 감사한 일이다. 도움을 받을 수 있는 것, 그런 사람이 가까이 있다는 것, 남의 도움을 구할 수 있는 낮은 자세를 인정한다는 게 또한 감사하다.

오른손이 아플 때는 왼손이 어눌하게나마 오른손 역할을 하잖아. 그때 비로소 오른손의 고마움을 느끼는 거지. 하여간 아프면서 나의 역할을 묵묵히 해 주는 이들이 어찌 고마운지. 그리고 그 역할을 하는 이는 할 수 있는 기회에 얼마나 고마워하는지. 바꾸어 보면 나는 그늘의 필요에 얼마나 민감했는가? 얼마나 그들을 배려했는가? 얼마나 그들을 챙겼는가? 반문하는 순간 부끄럽다.

작년까지 동료가 수업할 때 준비부터 뒷정리하는 것이 나의 업무 중 하나였다. 그러나 전근해 온 첫해에 수업 공개를 하는 일은 쉽지 않았다. 수업 준비 외 자질구레한 일들이 많았다. 이제껏 수업 공개 행사에서 유일하게 빠지는 그 일을 내가 해야 했고, 늘 하던 일은 동료의 도움을 받아야 했다. 정말 모르는 사람들로부터 도움을 받는다는 것이 조심스러웠다.

이런저런 일들이 소소하게 많았다. 공문 발송 오류, 수업 공개 장소 선정 등에서 아주 사소한 갈등이 낱낱이 들려왔다. 그 가운데서도 묵묵히 도와주는 이가 정말 돋보였다. 수업 후에도 자잘한 일은 많았지만 큰 깨달음이 있었다.

살아오면서 내가 도움을 주었다면 이미 받은 것에 대한 갚음이고, 도움을 받았다면 훗날 갚아야 할 빚임을 알게 되었다. 더불어 살아가는 세상에서 도움을 주고받는 것은 필요하다. 공개 수업을 하면서 특별히 느꼈던 것은 도움에 대한 시각을 바꾼 거였다.

도움을 받지 않았다고 도움을 거절하는 것은 혼자 살 수 있다는 교만이다. 내가 할 수 없는 것을 인정하게 된 것이 나이 들어감의 증거요, 성숙함의 다른 표현임을 알게 되었다.

"지금 도움을 받고 있나요? 기쁘게 받으세요. 반드시 갚을 날이 올 거예요."
"지금 도움을 주고 있나요? 최상으로 주세요. 그리고 도움 주었음을 깡그리 잊으세요. 왜냐고요? 당신이 기억하지는 못하지만, 예전에 도움을 받았던 것에 대한 갚음이니까요."

저도 사랑받고 싶어요

"얘들아, 또 걸렸니?"
"하루에 한 번이라도 교칙을 위반하지 않는 날이 없으니, 원…."
반성의 기미가 전혀 없이 키득거리는 아이들. 시간마다 교과 선생님들로부터 교무실에 불려 와 야단맞는 아이들. 벌이 지겨워서 그만할 때도 되었건만 하루도 빠짐없이 교무실에 불려 온다.

한 시간 수업이 끝날 때마다 수업한 선생님은 필수품처럼 그 아이들을 달고 내려오신다. 그리고 똑같은 꾸중과 반성 없는 고개 숙임, 실천 없는 다짐이 반복되던 어느 날, 선생님들의 차에 흠집이 나기 시작했다. 아이들을 꾸중한 선생님들의 차만 골라서 긁었다. 모두 기가 막힌 표정이다. 도대체 아이들의 비행은 어디까지 계속될 것인가?

드디어 학교 차원에서 벌을 내렸다. 1주일 교내 봉사! 그러나 이것은 벌이 아니라, 아이들끼리 더 친해지고 수업과 멀어지게 한 기회를 제공한 셈이 되고 말았다. 4층에 수업하러 한 계단 오를 때마다 괴롭고 힘겨워서 기도하지 않을 수 없었다.

벌 받은 지 사나흘이 되었을 즈음, 아이들 네 명이 몽땅 가출했다. 갑자기 조용해진 그 반에서 진도가 술술 나갔다. 너무나 달라진 분위기에 모두 한마디씩 했다.
"진짜, 조용해서 수업이 저절로 되는 것 같아요."
"4명이 없는데, 어찌 진도가 잘 나가는지요."

그런데 아이들 가출 후 까칠한 엄마의 표정을 보는 순간, 부모의 마음을 헤아리지 못함에 대한 마음이 죄송스러웠다. 밤새 아이를 찾아다닌 어미의 마음은 얼마나 무너졌을까? 남의 형편을 한 번도 헤아리지 못한 좁은 속이 못내 부끄러웠다. 밤새 한숨 못 자고 꺼칠한, 맨얼굴의 어머니가 담임도 아닌 내게
"선생님의 말이라면 들을 것 같아요."
"평상시에 선생님 이야기를 자주 했거든요."
"아이들 속히 돌아오라고 메일이라도 한번 보내주세요."
라며 사정을 했다.

현이에게 메일을 썼다.
"너희들 힘들지? 나가보니 불안하고 학교에 오고 싶지? 엄마가 몹시 걱정하신다. 엄마의 까칠한 얼굴을 보니까 속히 돌아왔으면 좋겠다는 생각이 간절하다. 밥 굶지 말고 너희들이 잘 판단해서 속히 집으로 돌아오도록 결정하렴."
한 시간을 마치고 돌아오니 답장이 왔다.
"걱정을 끼쳐 죄송합니다. 그러나 밥은 꼬박꼬박 챙겨 먹었어요. 선생님 말씀처럼 속히 들어갈게요."
잠은 찜질방에서 잤고, 돈을 넉넉하게 가져와 밥도 잘 먹었단다. 아마 오래 전부터 계획하고 있었던 것 같다. 물론 지금은 PC방에서 시간을 보내고 있는 모양이다.

답장을 주어 고맙다며 현명한 결정을 내리라고 메일을 보내고 수업했다. 결국 부모님이 전화를 추적하여 김천까지 가서 아이들을 찾아왔다. 다음날부터 아이들은 더 떼 지어 다니고, 교칙을 고의로 무시했다. 하루도 빠짐없이 선생님들께 불려 오고, 습관처럼 벌을 받았다.

그런데 놀랍게도 아이들의 얼굴에서 이제껏 보지 못했던 '외로움'이 보이기 시작했다. 아이들은 사랑받고 싶고, 인정받고 싶어서 의도적으로 쉬는 시간, 점심시간에 몰려다니고 눈에 띄는 행동을 한다는 생각이 그제야 든 것

이다.

아이들을 키울 때 둘째가 생기면 으레 첫째가 오줌을 싸거나 우유병을 들고 다니는 것을 보게 된다. 이것은 모두 사랑받고 싶다는 또 다른 몸짓이다. 그런 생각으로 아이들을 보니 수업 시간에 떠드는 것조차 '관심받고 싶어요.'의 또 다른 아우성이라는 생각이 들었다.

수업을 마치면 학습 준비물을 옮기라는 핑계로 4층에서 내려오면서 현이와 이야기했다. 수업 전에도 미리 학습 준비물을 들고 가라고 불렀다. 또한 사람의 마음을 감동시키는 책을 골라 먼저 읽고 그것을 언제까지 읽어오라고 하며 이런저런 구실로 옆에 붙어있게 했다.
그러는 와중에도 아이의 행동은 크게 달라진 것이 없었지만, 정작 바뀐 것은 나였다. 아이들을 단체로 보았던 관점에서 각각의 인격체로 보기 시작했다.

내가 교실에 올 때쯤이면 교실 주위에 어슬렁거리던 현이, 긍정적이고 바람직한 방향으로 돌아섰으면 하는 바람이 간절하다. 힘들지만 나에게 맡겨진 아이들. 그들을 위해 기꺼이 거름 주고, 물주고, 때로 곁가지를 자르고, 벌레를 막기 위해 농약도 뿌리는, 농부와 같은 심정으로 아이들을 만나고자 한다.

고마움, 한 두레박 긷다

"아부지요, 밥이 다 되는 걸 우예 아니껴?"
"그야, 가마솥이 눈물을 주르륵 흘리면 불을 그만 때면 된다."
"알았니더."
아부지가 가리키는 부지깽이를 따라 가마솥에서 눈물이 주르륵 흐르다가 뜨거움에 쉬이 말라버리는 것을 숱하게 보았다. 아궁이의 불보다 따뜻한 아부지 무릎 옆에서.
'어, 이상하대이. 아무리 불을 때도 왜 가마솥이 눈물을 안 흘리노? 아부지가 불을 땔 때는 한 단도 안 들더니만, 오늘은 벌써 두 단째다. 엄마한테 칭찬 받을라카는데 밥은 와 이리 안 되노?'

가마솥이 흘리는 눈물에 정신을 쏟다가, 밥 타는 냄새를 까맣게 몰랐다. 캄캄한 저녁이 되어서야 밭에서 돌아온 엄마는 가마솥 뚜껑을 열고서 할 말을 잃었다. 그때 나는 종아리도 덜 여문 열두 살이었다.

학교에서 크고 작은 일이 있을 적마다 내 속의 가마솥 뚜껑을 열면 주체할 수 없는 감동과 고마움의 수증기가 무럭무럭 끓어올랐다. 고맙다고 표현하기엔 손수건으로 커다란 가방을 싸는 것 같이 턱없이 부족하다는 느낌도 들었다.

교육계획서를 완성하기 위해 09학년도 학교 자체 평가 후 10학년도를 대비한 자료를 미리 내달라고 할 때도 뭐든지 빠짐없이 준비해 주던 고마운 손길들. 학교의 행사 때마다 눈에 띄는 대로 부탁해도 선뜻 손 걷고 도와주는 숱한 사람들. 수업에 바쁜 선생님뿐만 아니라, 도서실, 상담실, 전산실, 과학실, 복지실, 교무실, 행정실, 체육실의 선생님. 그리고 TOP 리더의 본을 보이는 교장 선생님. 궂은소리 너머로 잔잔한 정을 베푸는 교감 선생님 등. 모든 분이 학교의 알뜰한 살림과 화목한 분위기의 주역들이다.

일이 있을 적마다 가마솥이 눈물을 흘리듯 내 가슴엔 장작불에 끓어 넘친 감사와 고마움이 가슴에 넘쳐서 감당하기가 벅찼다.
'내가 떠나가기 전 누군가에게 도움을 주고 싶다. 그것이 뭘까?'
'하나님은 한 사람, 한 사람을 존귀하게 만드셨는데, 그분들이 서로에게 인정받는 것은 마땅하다. 그러면 내 힘으로 할 수 있는 건 뭘까?'
'그래, 하나님이 내게 은사를 주신 것이 있다면 그것은 글로 표현하는 거야. 잘한 부분을 서로가 칭찬하고 격려하여 더 일할 맛이 나도록 하는 거야.'
'그러면 뭘 쓰지?'
'아무리 뜯어봐도 흉거리 없는 사람 없고, 대충 봐도 칭찬거리 없는 사람 없잖아. 이왕이면 칭찬거리를 찾아 격려하면 win-win하는 것이 아닐까?'

엉겁결에 시작한 일이지만, 그만둘 수도 없다. 위로받았다며 손수 옥도장까지 새겨주는 분, 포도를 사서 교무실에서 넉넉하게 먹을 수 있게 하는 분들이 있기 때문이다.

노을이 지고도 한참을 돌아오지 않는 엄마와 아부지를 위해 밥을 한다는 것이 가마솥만 홀랑 태운 게 아니라 엄마 속마저 까맣게 태웠던 실수를 또 하는 건 아닐까 두려움이 앞선다. 칭찬한다는 게 행여 상처 준 건 아닐까? 또한 멋진 분들에게 어눌한 표현으로 누틀 끼친 긴 아닐까? 설사 그렇더라도 글을 쓸 때의 첫 마음은 그분에 대한 고마움, 가치 있음, 남몰래 애쓰고 눈물 흘린 것에 대한 보상, 무엇보다 '당신은 사랑받기 태어난 사람'임을 알리고 싶었음을 꼭 기억해 주길 바랄 뿐이다.

아직 가슴속에 생각이 덜 익어 미처 따지 못한 선생님, 음식을 아껴가며 먹듯 찬장 깊숙이 숨겨둔 선생님, 그 사이에 또다시 쓸거리가 주렁주렁 열려 2탄, 3탄 쓰고 싶은 선생님도 있다.

모든 일을 앞당겨 처리해야만 직성이 풀리는 박 선생님이
"선생님에 대해서는 누가 쓸까요?"
"기쁨으로 음식 준비한 박 부장님은 동료들이 맛있게 먹는 모습이 기쁨이 듯, 저는 그저 표현하지 않아도 속마음을 무던히 알아주는 한 분이라도 있는 것에 감사하지요."

며칠 전 읽던 신문에 실린 시가 생각난다.

> 수묵 담채 진경으로 새 한 마리 돌아온다.
> 어둠살 지기 전에 날아 앉는 새떼들,
> 그리움, 그 사이 깊어진 우물 하나 찾고 있다.
> 산과 산 사이의 경계는 안개가 가린다.
> 못 잊을 기억들이 산인 듯 에워싸도 시간의 차창 밖으로 날아가는 새가 있다.
> 아득한 경계 사이에 그리운 우물 있다.
> 아직도 날 풍뎅이 수풀 속을 헤매는 날,
> 한 번씩 물긷는 소리 첨버덩 들려온다.
>
> -박옥위, '그리운 우물' 중에서

딱딱한 의자에 앉아
- 수업과 함께하는 스토리텔링 연수 -

여름방학. 지정된 학교와 연수원 강의실마다 빼곡하게 들어찬 교사들, 풋풋한 교사들부터 머리가 희끗희끗한 교사까지 딱딱한 의자에 앉아 눈망울을 초롱이며 강의를 듣는다. 가끔은 졸기도 하지만 내용이 알차고 유익하기 때문에 학구적인 분위기가 뜨겁다. 지명된 연수는 좀 힘들지만, 자기 연찬에 목말라 자원한 교사들은 1주간에서 4주간에 걸쳐 지식의 갈증을 벌컥벌컥 들이켜는 중이다.

'수업과 함께하는 스토리텔링' 연수를 받으면서 많은 것을 느꼈다. 동료들이 수업에 새로운 활력을 불어넣고 싶은 열정을 털어놓았다. 신나는 수업에 대한 목마름, 아이들과 호흡하는 수업을 위해 방과후수업도 뒤로 미루고 온 것에서 평상시 수업에 대한 교사의 고민이 덕지덕지 묻어난다.

강사들도 정말 다양한 자료를 창의적인 방법으로 알려주었다. 그런데 막상 학생의 입장이 되고 보니 자신을 돌아보는 일이 많다. 어떤 교수님은 활동 후에 지명을 시켰다. 갑자기 발표하라고 하면 일제히 고개를 숙여, 눈을 마주치지 않으려고 거북이처럼 목을 움츠렸다.
그 순간, 발표 때마다 애써 눈을 피하던 아이들과 나의 모습이 겹쳤다. 평상시에 대답을 잘하는 학생이 얼마나 수업에 활력을 주는지 그 아이들에게 고마운 마음이 퐁퐁 솟았다.
고개를 숙이고 서로 눈치를 보면서 발표를 꺼렸지만, 발표 후에는 피드백을 해 주셨는데, 칭찬이 길게 남았다. 그리고, '아이들이 정답을 맞히는 것이 정말 놀라운 일이구나.' 하는 생각도 들었다.

그냥 강의만 들을 때는 편했으나, 특별히 기억에 남지는 않았다. 결국 아이들도 자기주도적으로 학습한 것을 발표하면, 배우는 것이 많고, 기억도 오래 남을 것이다. 남들이 다 스쳐 가는 말일지라도, '멋진 내용인걸.', '아주 창의적인 생각이군.', '다른 각도에서 보면 어떨까?'라는 말들이 용기를 주고, 학습 동기를 부채질할 것이다.

딱딱한 의자에 하루 종일 앉아 보고서 다시 한번 아이들의 입장을 헤아릴 수 있었다. 입속에서 우물우물 삼켜버린 의견은 잊어버리지만, 미약하나마 발표한 것은 꺾꽂이가 되어 물속에서 뿌리를 삐죽이 내밀고 있다.
또한 스토리텔링 기법이 곳곳에 숨어 있음도 알게 되었다. '내가 그의 이름을 불러주었을 때, 그는 나에게 와서 꽃이 되는' 것처럼 존재를 알거나, 지식을 깨닫고 나니까 숨바꼭질의 술래처럼 눈을 감고 있었다는 깨달음이 들었다.

선생님은 진로 연수 중

"아이에게 꿈을 가르치려면 선생님들이 먼저 꿈을 가져야 합니다."
"아이들의 미래를 보고 긍정적인 말을 합시다."
세 시간의 연강에도 꼼짝하지 않고 강의에 푹 빠졌다. 자신을 돌아보는 모습, 아이들을 어떻게 지도할까에 대한 고심이 사뭇 진지하다.

씨를 뿌리기 위해서 먼저 논밭을 갈아엎어 땅을 일구듯, 아이들의 마음 밭을 일구기 위해 모두 긍정의 마인드로 바꾸는 고된 작업을 했다. 에모토 마사루의 '물은 답을 알고 있다'의 물 결정체를 보면서 무심코 뿌린 말, 이미 쏟아버린 말이 많아 아쉽고 미안함에 애꿎은 입술만 깨물었다.

아이를 가르치는 선생님들이 한 공간에서 동일한 마인드를 가지는 것이 얼마나 힘이 되는지 몰랐다. 세 겹 줄로 단단히 묶듯이 아이들의 미래를 위해 한마음으로 다짐했다. 믿으면 이루어진다는 내용을 다시 한번 되새기며 아이들을 위해 단단하게 굳어버린 언어의 밭을 갈아엎었다.

쟁기로 가래질하니, 더러 돌부리도 나오고, 더러 단단한 흙덩어리도 만져지고, 더러 뾰죽한 유리 조각도 눈에 띄었다. 쏟아버린 과거의 말을 말끔히 씻기 싶으나, 이미 엎질러진 물이었다. 벌거벗은 언어의 속살은 온통 상처로 꺼칠꺼칠하다. 그러나 새롭게 시작하려는 서로의 결심에 등을 두드려 주는 손길은 아랫목처럼 따뜻하다.

세 시간의 진로 교육은 후회의 초침을 째깍째깍 숨 가쁘게 넘고, 신선한 배움의 분침을 넘더니, 단단한 결심의 시침을 훌쩍 넘겨 버렸다. 한 번의 휴식도 없는 세 시간은 아이들에게 무엇을 심어주어야 하는지, 선생님들이 어떻게 변화되어야 하는지 방향을 제시하기에 충분했다.

아이들의 가능성을 볼 수 있는 눈을 열어주고, 아이들을 사랑하고 보듬어야 함을 공동체적으로 실천할 수 있는 기회였다. 연수를 마치고 돌아서는 얼굴이 아침 햇살에 꽃봉오리를 터뜨리는 나팔꽃처럼 환하다.

"○○야, 나는 너를 사랑한다."
"○○야, 너의 꿈은 이루어진다."
수많은 다짐과 외침 끝에 선생님은 채송화처럼 알록달록한 사랑을 입 나팔로 만들어 외쳤다.
"저는 여러분을 사랑합니다."
"저도 선생님을 사랑합니다."

내비게이션이 되고 싶어

"선생님, 왜 여름방학에도 토요일마다 진로·학습코칭 수업을 하나요?"
"음, 너희들이 꿈을 찾는 것이 토요일에 쉬는 것보다 더 큰 쉼이지. 그래서 남들이 모르는 행복을 맛보기 위해 여러 학교를 돌아다니며 수업하는 거란다."

대구글로벌인재육성지원단 첫 연수를 실시한 2010년 7월 토요일 오후 3시, 팔공산 청람관에는 천둥과 번개가 치면서 폭우가 쏟아졌다. 하늘에 구멍이 뚫렸는지 마구 비를 쏟아부었다. 그러나 대구시 학생의 진로·학습코칭을 위한 교사들의 열정을 식히지는 못하였다.

1박 2일 연수의 열띤 토론보다 묵직한 짐, 그것은 분야별로 프로그램을 짜는 것이었다. 흥미 유발에 진로와 학습을 동시에 녹여내는 프로그램은 생각보다 쉽지 않았다. 프로그램을 팀별로 맡고 전체 팀이 모여 8차시의 프로그램을 완성하는 것은 버겁고 힘들었다.

프로그램을 짜는 동안 팀원들은 TV를 보면서도, 서점에 가서도, 인터넷을 하면서도 진로 교육만 생각했고, 급기야 진로 소주를 마시면서도 진로 생각을 했다는 동료의 열정 덕분에 정글의 행군처럼 힘든 시간을 이겨낼 수 있었다.

6개월 뒤 진로코칭 책과 학습코칭 책을 받아 들던 날은 감격, 그 자체였다. 숱한 밤의 지새움, 실용적인 프로그램을 위한 몸부림, 의견 조율의 긴장, 목표를 향한 고단한 여정 등이 일시에 허물어지면서 대견함과 뿌듯함이 밀물처럼 밀려왔다. 산모의 출산은 뼈를 깎는 고통이지만 태아를 보는 순간 고통이 눈 녹듯 사라지는 것처럼 그간의 칼날같이 날카롭던 긴장이 스르르

녹아내렸다.
첫 수업을 하던 경일중과 협성중은 긴장과 설렘이 8차시를 후딱 지나가게 했다. 아침 8시부터 오후 4시 30분까지 수업을 마쳤을 때는 해냈다는 뿌듯함과 동시에 긴장감이 일시에 허물어졌다. 대구 시내 학교를 돌아다니며 맨땅에 진로의 씨를 부지런히 뿌린 시간이 3년째다.

글로벌인재육성지원단 1기를 중심으로 진학팀과 함께 2010년, 2011년에는 제1~2회 진로진학박람회를 경북여고와 상인고에서 열었다. 행사를 위해 6개월을 바짝 매달렸다. 2012년에는 진로박람회를 상인고에서 열었는데, 25,000명 정도의 학생이 다녀갔고, 행사가 커지는 바람에 자원봉사자들의 도움도 많이 받았다.

비를 맞으며 줄기를 곧게 세우는 꽃처럼, 바람에 흔들리면서 뿌리를 굳게 내리는 나무처럼, 올해의 실수를 토대로 내년에 더 잘하리라고 생각하며 내년에도 또 고뇌의 긴 터널에 들어설 것을 다짐한다.

2011년 책쓰기 박람회의 경명여고 부스에 들렀을 때 일이다.
학생들의 책을 보면서 현비가 생각나 혼잣말처럼 내뱉었다.
"내 제자도 책쓰기를 하고 있을 것 같은데…."
"아하. 오현비의 소설 속에 나오는 주인공이 선생님이군요. 현비가 선생님처럼 학생들에게 꿈을 주는 선생님이 되고 싶다고 말하는 것을 숱하게 들었어요."

눈물로 씨를 뿌리는 자는 기쁨으로 단을 거둔다고 했다. 여전히 부족하기 짝이 없지만 아이들의 이정표가 되고, 그들의 인생에 방향을 알려주는 업그레이드 된 내비게이션이 되고 싶다.

내 것이 소중해

"급식 시설은 있습니까?"
"왜 운동장이 보이지 않나요?"
"생활지도의 어려움은 무엇입니까?"
"방과후수업은 어떻게 운영하나요?"
"교육과정의 자율성은 얼마나 보장되나요?"
"학생 선발은 어떻게 하나요?"

체코, 폴란드, 헝가리, 오스트리아의 김나지움에 들어서자마자 질문이 쏟아졌다. 외부인의 방문에 특별한 격식 없이 맞아주는 교장 선생님이나 평상시와 변함없는 학교의 매무새가 일상사처럼 편안했다. 교실 문을 열고, 공부에 열중하는 아이들을 보는 순간, 두고 온 아이들 생각에 눈물이 쏟아질 것 같았다. 어디를 가나 아이들이 내 속에 꿈틀거리고 있다는 것을 확인한다.

이번 국외연수는 나라별로 우수학교를 방문하여 한국 교육을 비교하며 대구교육을 빛내기 위해 마련된 것이다. 국가별로 방문하는 학교마다 탐색과 비교 작업으로 연수는 뜨거웠다. 교사들은 핵심을 찾기 위해 예리하게 질문하고, 사진 찍고, 저녁에는 짙은 토론으로 연수에 불을 지폈다.

체코의 프라하는 과거의 웅장함이 현대의 빽빽한 밀림 속에서 꿋꿋이 살아 숨 쉬고 있었다. 그 속에서 아이들은 고전을 중시하며 현대를 아름답게 엮어 조화를 빚어내고 있었다. 자율 속에서 꿋꿋하게 날 선 규율을 우리에게 어떻게 적용할지 고민하는 시간이었다.

체코에서 버스로 5시간 정도를 달려 폴란드 국경을 넘으면서 탁 트인 폴란드의 가슴을, 슬로바키아 국경에서는 타트라 산맥에 빽빽하게 진군하고 있는 삼백 나무를 만났다. 국가별 미묘한 차이가 피부에 따끔따끔하다. 드넓게 펼쳐진 목초지와 가슴을 시원하게 하는 삼백 나무, 초록의 융단 같은 언덕이 인간들의 욕심이 빚어낸 세계대전의 치열한 현장이었다는 게 실감나지 않는다.

국경이란 창조된 자연에 인간이 그은 선일 뿐이다. 한국에서 흔히 보는 '여기서부터 대구입니다'라는 지계 표시조차 없어 국경이라는 역사의 흔적이 기억에서 희미하게 지워지고 있었다.

책에서만 보던 현대교육의 창시자인 코메니우스의 열정, 퀴리 부인의 집념, 모차르트의 천재성을 현장에서 직접 만날 수 있어 감사했다. 무엇보다 떠남으로써 남겨진 것의 소중함, 남의 것보다 내 것의 귀함을 뼈저리게 보듬는 연수였다. 대구교육에 더 열정과 혼신의 힘을 쏟아야겠다는 묵직한 책임감이 어깨를 눌렀다.

아우슈비츠! 돌아보고 나니
- 폴란드 국외연수 중 -

'쉰들러 리스트'나 '인생은 아름다워'의 영화를 통해 유대인의 죽음이 가스, 총살, 고문으로 이어지는 것을 생생히 볼 수 있다. 설상가상으로, 실험용 쥐로 사용하는 모르모트처럼 인체 실험 대상으로 사용되기도 했다.

아우슈비츠 제1수용소 입구에는 ARBEIT MACHT FREII(노동이 자유를 준다)라고 쓰여 있는데, 'B'가 거꾸로 되어 있다. 이유인즉 그 글자를 보면서 유대인들은 마음으로 항의했다고 한다. 철조망에 흐르는 수만 볼트의 전류에 죽어가면서 외쳤을 분노가 전류보다 강하게 전해진다.

전체 28동 중 4동에는 수용소의 상황을 고발하는 물품들이 종류별로 전시되어 있다. 어린이와 어른의 신발, 안경, 의족, 옷, 안경, 구두약, 식기류, 가방, 머리카락. 그중에 신발 깔창은 귀금속을 찾는다고 속을 떡 벌려 놓은 상태였다. 죽어간 이들이 남긴 머리카락을 야전 담요의 속통으로 사용한 인간의 무감각. 비 올 때 그 야전 담요를 덮으면서 죽은 이의 비명을 들었을까? 아니면 춥다고 담요를 끌어당겼을까? 숱한 사람들의 마음은 모든 죄악으로부터 일제히 눈 감고, 귀 닫고 살았던 건 아닐까? 다시 찾아와 가방을 찾으리라는 희망으로 이름을 적었을 간절함은 독가스를 맡는 순간, 허망하게 허물어졌을 것이다.

가스실에서 바라보는 하늘은 푸르기만 한데, 그 구멍으로 수십 통의 가스통이 날벼락처럼 떨어지는 창구였다니. 인간의 몸만 시꺼멓게 탔을까? 죽어가면서 사람의 속을 얼마나 새까맣게 탔을까? 살기 위해 마지막 힘을 다해 벽을 긁었을 자리에 이름 하나 선명하다. 'MARIA'

가스실의 단두대 옆엔 은행잎이 철 이르게 노랗다. 저 은행나무는 역사를 알고 묵묵히 지켜보며 가을만 되면 물드는 일을 변함없이 반복했을 것이다. 그의 가슴엔 온갖 풍상을 지켜본 목격자의 아픔이 역사의 주름살이 되어 치자보다 노랗게 새겨졌을 것이다.

돌아오는 길, 역사의 진실 앞에 숙연하다. 불편한 진실을 알고서도 지워버리지 않고 고스란히 복원하여 오늘의 방향을 알려주는 모습이 놀랍다. 과거를 무심하게 지우는 우리 삶을 돌아보게 된다.

여행 안내자의 말에 의하면 영화를 통해서 유대인이 가장 많이 학살되었고 하는데, 실제 죽은 사람이 많은 나라 순서는 러시아, 폴란드, 유대인이라고 한다. 이러함에도 폴란드인이 가장 싫어하는 나라는 독일이 아닌 러시아라고 한다. 왜냐하면 독일은 전쟁 후 자신의 과오를 전 세계에 사과하고, 폴란드에 경제적 지원을 해 주는 데 반해, 러시아는 사과도 하지 않고, 별 도움도 주지 않았기 때문이란다. 유대인이 가장 많이 죽었다고 이제껏 잘못 알고, 잘못 가르쳐 준 것도 일일이 고백해야 하리라.

폴란드의 아우슈비츠 수용소에는 한 인간의 선택이 빚어내는 악순환의 긴 고리, 미처 빠져나오지 못하고 한 줌의 흙으로 돌아간 이들의 굵고 간 벽의 절규가 그대로 있었다. 돌계단이 움푹하게 파이도록 다녀간 수많은 이들의 발자국이 역사가 남긴 아픔을 고스란히 기억하고 있음을 보여주었다. 가슴이 묵직하다.

*마르지 않는 칭찬의 샘으로

매주 월요일,
주간 교육활동 뒷면에 아름다운 칭찬 글로 채워 주는 교무부장! 마르지 않는 칭찬의 샘물을 퍼 올려 행복한 동촌 교육을 이끌어 주신 선생님께 말로 받고, 되로 주는 작은 칭찬의 글로 고마움을 표현할까 합니다.

새로운 한 주를 칭찬으로 연다는 건 기분 좋은 일입니다. 칭찬의 주인공뿐만 아니라 모든 이들의 마음을 따뜻하게 해 주었어요. 월요일의 부담감을 반쯤은 덜어내며 미소로 한 주를 시작하게 해 주었어요. 추운 날 건네는 따끈한 커피 한 잔처럼, 이마의 땀방울을 식혀 주는 한 줄기 바람처럼, "힘 내라" 하고 어깨 토닥여 주는 응원처럼 여럿의 마음을 위로해 주었어요.

시키는 일도 하기 어려운 이즈음, 안 해도 그만인 일을 만들어 하는 보기 드문 사람, 직원 연수 때면 그만의 비법으로 동기를 유발하여 딱딱한 연수를 즐겁게 만드는 사람, 교무부장 일이 만만찮은데도 짜증 한번 내는 일 없이 어려운 실타래 술술 풀어가며 여러 가지 일을 제때 매끄럽게 해내는 사람, 타고난 문재(文才)로 여기저기서 들어오는 원고 청탁에, 교육청에서 만드는 책자 편집과 교정으로 어깨에 지워진 짐의 무게가 가늠하기 어려울 정도인데도, 미다할 줄 모르고 당연히 제 할 일 하듯이 하는 사람입니다.

가정으로 돌아가면 구순의 시모를 모시고 목사인 부군을 내조해야 합니다. 목사 사모의 하루는 새벽 4시 20분이면 일어나 지산동에서 율하동까지 달려와 새 성전에서 새벽기도를 하는 걸로 시작됩니다. 학교에 출근하면 하루도 빠끔한 날 없이 팽팽 돌아가는 학교 일, 올해는 주 5일 수업으로 교육과정 편성도 어려웠지, 유난히 선생님들 병가도 많아 빈 자리 메꾸는 일도 많았지, 복수 담임에다 업무 경감을 위한 일…, 새로운 일이 자꾸 생겨

참 어려웠습니다.
큰 소리, 싫은 소리 할 줄 모르고, 게으름 부릴 줄도 모르고, 남의 부탁 거절도 못하고……. 그러다 보니 탈이 날 수밖에요. 한여름에 긴팔 옷을 입고 몇 주째 몸살 기운을 다스려야 하는 안쓰러운 모습도 보였습니다.

그럼에도 긍정의 힘, 신앙의 힘으로 많은 걸 감내하고 극복하며, 선생님들 면면을 잘 보아 두었다가 매주 월요일 아침이면 칭찬 전도사가 되어 행복한 동촌 교육을 이끌어 왔습니다. 그의 칭찬 글밭에는 학교에서 일어나는 소소한 일상들이 봄뜰에 절로 피는 민들레, 제비꽃, 토끼풀처럼 정겹게 피어나 읽는 이로 하여금 '그래, 그랬었지, 맞아.'라고 공감하며, 문자화된 동료의 모습, 우리들의 모습을 돌아보며 슬며시 미소를 떠올리게 했지요.

선녀가 떨어뜨린 비녀 같다 하여 이름 붙여진 '옥잠화'가 잘 어울릴 듯합니다. 특히 여름날 몇 벌의 모시옷 차림은 한 떨기 옥잠화입니다.

옥잠화 선생님,
교무부장의 칭찬의 샘물은 2학기에도 어김없이 우리들을 따뜻하게 위로해 줄 것입니다. 철없이 까불거리는 학생들을 보면 하루하루가 위태로운데도 큰 탈 없이 지나가는 것은 아마 교무부장과 같은 긍정의 에너지를 가진 선생님들의 바람과 수고가 모여져 우리 학생들을 보호하는 바람막이가 되어 주는 것이 아닐까요?

　　　　* 이 글은 2014년 동촌중 이영희 교장 선생님께서 내게 보내 주신 글이다.

달성의 뿌리 교육, 충효 정신으로 꽃피다

포산중 학년 초 3학년 3반 아이들과 상담할 때였다.
"저는 12정려각이 있는 집안에서 태어났어요."
"그게 뭘까?"
"정려각은 곽씨 집안에 12정려를 한곳에 모신 곳인데요. 이것은 충신이나 효자 등 모범이 되는 사람을 표창하고 아름다운 풍속을 널리 알리고자 마을 입구에 세운 것인데요. 그만큼 효자가 많은 집안의 후손이라는 거지요. 헤헤헤"
아이의 표정이 환하게 밝아오던 첫 기억이 아직도 선명하다. 교직 생활 30여 년에 이렇게 집안에 대한 뿌리 깊은 자부심을 가진 아이는 처음이다. 요즘 아이들은 부모님 직업이 의사, 변호사, 회사대표인 것에 자랑과 자부심을 가지는데, 가문을 언급하는 것은 처음이라 당황스러웠다.

"도동서원의 선비 체험에 문화재를 깊이 알리려면 어떻게 하면 좋을까?"
"OO의 어머니가 문화해설사로 활동하는데 도움을 받으면 어떨까요?"
학부모님이 문화해설사가 되어 가정과 학교와 연계하여 충효 교육 활동에 동참하고 있었다. 문화해설을 들으며 시대는 다르지만 나라와 부모를 위해 자신의 삶을 기꺼이 드렸던 조상의 이야기를 현재와 연결하는 마음만은 한결같았고, 화선지에 먹물 번지듯 아이들의 마음에 은은하게 번졌다. 과거와 현재를 연결하는 다리 위로 충효 정신이 현재를 살아가는 아이들 마음속으로 유유히 흐르던 기억이 새롭다.

도동서원에서 강의를 듣는데 담장의 고운 선이 눈에 들어왔다. 직선보다 곡선의 부드러움으로 시선을 사로잡는 담장이 마치 고고한 인품 가진 사람 같았다. 가지런히 쌓아 올린 토담에서 조상들의 정성스러운 마음도 전해졌다. 400년의 역사를 알고 있는 은행나무 아래에서 단체 사진을 찍으면서 조상들이 남긴 삶의 교훈도 찰칵찰칵 찍었는지도 모른다.

교직 생활 중 달성 교육에서 유난히 아이들과 함께한 활동이 많았고, 그만큼 사진도 많고 추억도 알콩달콩 정겹다. 학기별로 떠나던 문학기행, 꿈·끼를 펼치던 교내 행사, 청보리밭에서 만났던 봄바람, 학급별로 만들던 학급문집, 철쭉제를 기념하는 문학 행사, 막차를 타기 위해 종례를 하지 못하고 달려가던 아이의 뒷모습, 서른 살이 되면 학급문집의 문제 10개를 다 풀어서 모이기로 한 졸업식의 약속, 비빔밥 Day에서 맛보던 텃밭의 싱싱한 풀 내음, 밭에서 따왔다며 내밀던 자두, 손녀의 체육대회에 참가하기 위해 부산에서 올라오신 할머니도 잊을 수 없다.

아이들에게서 받았던 형형색색의 사랑과 감동엔 달성의 뿌리 깊은 정신문화가 내면 깊이 흐르고 있었다. 집성촌의 특징에 현대의 변화를 기꺼이 수용하는 포용력이 아이들의 마음에도 뿌리내리고 있다.

아이들이 서른 살이 되려면 이제 얼마 남지 남았다. 부모님으로 물려받았던 충효의 정신을 다음 세대에게 물려주기 위해 현실의 비바람과 파도를 맞으며 꿋꿋이 살아가고 있을 제자들에게 박수를 보내며 그날을 기다린다.

함께하는 동료가 있어 감사합니다
- 교장 자격 연수를 마치고 -

"5주 동안 학교를 비우는 것이 내내 미안합니다."
"평상시처럼 저희들이 잘 하겠습니다."
선생님들은 기본적으로 성실한 분이라 각자의 자리에서 성심껏 임할 것을 알고 있지만, 2학기 시작하자마자 자리를 비운다는 것이 송구스러움으로 묵직했다.

그러나 막상 8시간 내내 진행되는 연수 중에는 아무것도 생각할 여유가 없었다. 강의 중에는 한순간도 놓치지 않고 집중해서 들어야 하는 강의, 이리저리 몸을 비틀게 하는 강의, 내내 긴장하며 무거운 책임감을 느끼게 하는 강의 등이 있어서 자격증 뒤에 숨은 무게를 가늠했다. 임용시험을 거쳐 교사자격증을 받은 선생님들도 얼마나 큰 무게감이 있을까를 생각했다.

수많은 강의를 들으면서 학교는 '학생의 성장'을 위한 곳이라는 생각을 했고, 교사의 성장도 아울러 뒤따라야 한다는 것을 확인했다. 제일 많은 들은 단어는 '소통'이었고, 다음엔 학생들의 변화를 위해서 '교실 수업 혁신'이 중요하다는 것이었다. 또한 교사들의 전문적인 역량을 기르는 것도 필수적으로 뒤따라야 하며, 교육공동체의 안전을 위해 작은 일도 소홀히 하지 말고 정성을 다하라는 것이었다.

영화 '역린' 중에 인용되는 중용 23편의 이야기가 기억에 남는다.

> 작은 일도 무시하지 않고 최선을 다해야 한다.
> 작은 일도 최선을 다하면 정성스럽게 된다.
> 정성스럽게 되면 겉에 배어 나오고,

겉에 배어 나오면 겉으로 드러나고,
겉으로 드러나면 이내 밝아지고,
밝아지면 남을 감동시키고,
남을 감동시키면 이내 변하게 되고,
변하면 생육된다.
그러니
오직 세상에서 지극히 정성을 다하는 사람만이
나와 세상을 변하게 할 수 있는 것이다.

그 대목이 오래 가슴에 남았고, 부끄럽지만 내가 맡은 일에 정성을 다해야겠다는 것을 마음에 새겼다.

토요일에 잠시 오면 교장선생님도 오시고, 부장님들도 출장 다녀오면서 들르고, 방과후수업 하는 선생님도 만나고, 아이들도 만나면서 내가 있을 곳은 이곳이구나 하는 생각을 했다.
3층 홈베이스에 들르니 1학기 때 과정 평가 작품이 깨알같이 교과별로 전시되어 있었다. 아하, 선생님들이 각자 자리에서 성실하게 정성을 다하고 있구나 싶었다. 토요일마다 밀린 메신저를 읽으며 부지런히 일하는 선생님들의 모습이 눈에 선하여 토닥토닥 등을 두드려 주고 싶었다.

지난 토요일, 원안을 다 읽고 학교 문을 나서려는데 아이들이 비를 피하기 위해 1층에 옹기종기 모여 있다.
"가만히 있어 봐. 너희들 이름을 불러봐야지."
아이들의 이름을 한동안 안 불렀더니 머릿속에서 가물거린다.
"에이, 선생님, 제 이름은 한 번도 틀린 적이 없는데요."
"첫 글자만 알려줄 수 없을까?"
"양~~ 돼요."
아이들은 재미있다는 듯이 기억력을 시험했고, 아이들의 눈치와 입 모양을

곁눈질하면서 억지로 이름을 기억해 낼 수 있었다. 눈앞에서 자신의 이름을 정확히 외워 달라는 간절한 눈망울을 보며 아이들에게 이름을 불러줄 수 있어서 감사하구나 싶었다.

백만매택(百萬買宅) 천만매린(千萬買隣)이라는 말이 있다. '백만 금으로 집을 사고, 천만 금으로 이웃을 샀다.'라는 뜻이다. 중국 남북조 시대의 『남사(南史)』에 나오는 이야기로, 송계아(宋季雅)라는 고위 관리가 정년퇴직을 앞두고 자신이 노후에 살 집을 보러 다닌 이야기다.

송계아가 천만 금을 주고 여승진(呂僧珍)이란 사람의 이웃집을 사서 이사를 했다. 백만 금밖에 안 되는 집을 천만 금이나 주고 샀다는 말이 온 마을에 순식간에 퍼졌다. 마을의 원로였던 여승진이 궁금해서 그 이유를 물었더니 송계아의 대답은 간단했다.
"백만 금은 집값으로 지불하였고, 천만 금은 당신과 같은 좋은 사람과 이웃이 되기 위해 웃돈을 더 지불한 것입니다."
좋은 이웃과 함께하려고 집값의 열 배를 더 지불한 송계아에게 여승진이 감동하지 않을 수 없었다는 이야기다.

우리도 송계아처럼 좋은 사람들과 함께하려고 학생들이 수두룩한 학교에 터 잡았는지도 모른다. 300명이 함께 연수를 받으면서 학교마다 형편이 모두 달랐고, 아픔도 있었지만, 학생들에 대한 사랑은 한결같았다.

오늘도 그 아이들과 함께하기 위해 첫발을 내딛던 설렘으로 시작해야겠지?

두 손 공손하게 모으고
- 교장 발령을 앞두고 -

한창 경기 중인데 축구장 한쪽 모서리에 번호 교체판이 올라간다.
"원미옥 선수, 이○○ 선수와 교체"
원미옥 선수는 후반전에도 계속 뛸 줄 알았는데, 젊은 선수가 초록 운동장을 향해 활기차게 뛰어온다. 기운이 빠져 헉헉대는 선수 대신 에너지 넘치는 선수가 들어오자 경기장 열기가 뜨겁다.

"축하합니다."
진심 어린 축하 인사를 건네는데, 한동안 멍~했다. 밥알이 안 넘어가고 입구에서 오돌토돌 막혀 목구멍에서 병목 현상이 일어났다. 동료들의 승진이나 영전을 축하해 줄 때는 몰랐다. 막상 축하를 받는데 왜 소화가 안 될까? 한참 생각했는데, 결론은 아직 준비되지 못한 자신에게 있다는 것을 알았다.

새로운 일을 시작한다는 건 '부담'이다. 짐을 덜어보기 위해 성경을 묵상하는데 마음이 '염려' 대신 '감사' 모드로 바뀌기 시작했다. 요즘 가까이에서 뵙던 교장 선생님이 유난스럽게 커 보이고, 존경스럽고, 든든해 보인다.

복도를 한 바퀴 도는데 맛있는 사탕이 조금밖에 남지 않았음을 느낀다. 여러 선생님과 어우러져 엮었던 알콩달콩한 이야기도 고맙고, 허물 많은 나를 위로해 주던 배려도 눈물겹고, 긍정의 시선으로 대해주던 따스한 시선도 감사하다. 캘리그라피 기초를 가르쳐주는 선생님의 섬세함도 정성이었음을 알게 되고, 책상 위에 무심한 듯 전해준 깨알 같은 마음도 따뜻하다. 미처 말하지 못한 언어가 안에 조용히 고이듯, 여러 선생님의 표현하지 못한 언어도 고스란히 느껴진다. 마음은 아무리 꽁꽁 싸매어 숨겨도 어느결

에 비식 풀어져 나오듯 선생님들의 눈빛에 선생님들의 마음이 비친다. 한지에 은은한 호롱불처럼

각자 맡은 곳에서 최선을 다하는 선생님들의 이야기를 서툰 솜씨나마 글로 칭찬하고 싶었으나, 마무리하지 못함이 아쉽다. 그러나 오직 학생바라기로 살아가는 선생님들의 모습은 고이 품어서 향긋하게 발효되도록 애쓰겠다는 다짐은 변함없다.

교장 선생님, 부장님, 담임 선생님, 비담임 선생님, 비교과 선생님, 실무원 선생님, 행정실과 급식실 가족, 곳곳에서 애써주시는 교육 가족 여러분, 정~말 고맙습니다.
공손하게 두 손 모으고 꾸~벅 인사를 하니
대구북중 교감 자리 서서히 막이 내린다.

에필로그

선생으로 살아온 길
- 나에게 보내는 마음 -

코흘리개,
왼쪽 가슴에
하얀 손수건 시침질하고
삐뚤삐뚤 줄 서서
콧물도 제대로 닦지 못하던
여덟 살에
학교에 첫발을 디뎠습니다

열여섯 해 학생으로
새로운 선생님과
친구를 만났고,
마흔 해 선생으로
낯선 동료와
학생을 만났습니다

이제 예순둘,
40년 만에 떠나게 되니
드디어 어깨가 가볍습니다
제 이름 석 자로 살아온 시간보다
선생으로 살아온 시간이 무거웠습니다

선생의 옷엔
눈물과 웃음이 범벅이고
아픔과 행복이 주렁주렁 매달려 있고요
선생의 옷엔
불안과 한숨
한 땀 한 땀 아프게 꿰매어 있고요
선생의 옷엔
더러 아픈 상처 아물었고
더러 모래가 진주로 반짝이기도 하네요
선생의 옷은
한순간도
벗을 수 없는 책임감이었습니다

선생의 시간은
캄캄한 밤 숱하게 지새웠으나
한순간도 혼자인 적 없었고,
선생의 시간엔
고만고만한 아픔 겪은 동료가
토닥여주는 따뜻함이 늘 있었습니다

나도 누군가에게
그대도 누군가에게
손을 내밀어 주었고
손을 붙잡아준 적이 있었습니다

학교 울타리
안에 있으나
밖에 있으나
평생 선생일 수밖에 없는
천생 선생일 수밖에 없는
운명이라기에
때로 가혹하고
때로 뽀얀 기쁨인 삶을 살았습니다

잘 살았다고
수고했다고
꼭 말해주고 싶습니다

발행일	2024년 8월 28일 초판 인쇄
지은이	원미옥 pray0317@hanmail.net
펴낸이	이금희
펴낸곳	도서출판 화서나무
주소	대구시 수성구 청호로 88안길 33-7
전화	053-753-3906
팩스	0504-282-3906
메일	hwaseonamoo@naver.com
인쇄	㈜케이비팩토리
가격	15,000원
ISBN	979-11-980620-6-2(03370)

저작권법에 의해 보호를 받는 저작물이므로 무단전재와 복제를 금합니다.
이 책의 전체 또는 일부를 재사용하려면 저작권자와 화서나무의 동의를 받아야 합니다.